复兴之路

（青少版）

中央电视台《复兴之路》节目组　编著

千年局变

中国民主法制出版社

北京·2013

图书在版编目 (CIP) 数据

复兴之路 . 千年局变 / 中央电视台《复兴之路》节目组编著 . —北京：中国民主法制出版社 ,2013.1(2020.5 重印)

ISBN 978-7-5162-0235-7

I. 复 ... II. 中 ... III. 中国历史 – 近代史 – 通俗读物②中国历史 – 现代史 – 通俗读物 Ⅳ . ① K250.9

中国版本图书馆 CIP 数据核字 (2012) 第 311472 号

图书出品人　肖启明

出 版 统 筹　赵卜慧

丛 书 策 划　陈晗雨

责 任 编 辑　张　霞

书　　　名　《复兴之路》：千年局变

作　　　者　中央电视台《复兴之路》节目组 编著

出版 · 发行　中国民主法制出版社

地　　　址　北京市丰台区玉林里 7 号（100069）

电　　　话　010-63292534 63057714 （发行部）63055259（总编室）

传　　　真　010-63056975 63292520

　　　　　　Http://www.npcpub.com E-mail：mzfz@npcpub.com

经　　　销　新华书店

开　　　本　16 开　700 毫米 × 1000 毫米

印　　　张　9.25

字　　　数　104 千字

版　　　本　2013 年 1 月第 1 版 2020 年 5 月第 5 次印刷

印　　　刷　石家庄继文印刷有限公司

书　　　号　ISBN 978-7-5162-0235-7

定　　　价　24.80 元

出 版 声 明　版权所有，侵权必究。

出版寄语

2007 年 11 月，一部由中国电视人用影像梳理中华民族近代历史的六集历史政论片《复兴之路》在央视二套黄金时段首播，2008 年 3 月，央视一套重播。由此引发了人们关于中华民族复兴的思考与探讨。一个关注大国崛起、期盼民族复兴、探求强国富民之路的时代课题引起人们强烈的共鸣。

当年与纪录片同名同步推出的《复兴之路》（三卷本）图书出版后，社会影响广泛。2010 年 11 月被中宣部理论局、中组部干部教育局列入"向党员干部推荐的第三批学习书目"。

2012 年 11 月 29 日，习近平总书记率中央政治局常委参观《复兴之路》展览基本陈列并发表重要讲话。习近平总书记说，每个人都有理想和追求，都有自己的梦想。现在，大家都在讨论中国梦，他以为，实现中华民族伟大复兴，就是中华民族近代以来最伟大的梦想。这个梦想，凝聚了几代中国人的夙愿，体现了中华民族和中国人民的整体利益，是每一个中华儿女的共同期盼。历史告诉我们，每个人的前途命运都与国家和民族的前途命运紧密相连。国家好，民族好，大家才会好。实现中华民族伟大复兴是一项光荣而艰巨的事业，需要一代又一代中国人共同为之努力。而我们的年轻一代是民族的希望，中国的未来在青少年。

为适应青少年的知识需求和阅读体验，中央电视台、人民出版社和中国民主法制出版社通力协作，精心组织策划《复兴之路》(七卷本)，即《复兴之路·千年局变》《复兴之路·岁月峥嵘》《复兴之路·中国新生》《复兴之路·伟大转折》《复兴之路·世纪跨越》《复兴之路·继往开来》《复兴之路·长风破浪》。本套丛书图文并茂，语言生动，力图从青少年的视角探究中华民族强国之梦和不懈探索的伟大历程。

《复兴之路》引领青少年深刻认识中华民族近代以来的奋斗史，坚定跟党走中国特色社会主义道路的理想信念，增强为实现中华民族伟大复兴贡献力量的历史使命感和奋斗精神，使他们在追求知识的道路上培养阅读乐趣，让中华民族伟大复兴的梦想照进现实！

民族复兴，我们共同的"中国梦"。从这里，我们找到了实现梦想的力量。

序一　穿越历史的道路

历史没有剧本，但却深深地吸引着人们书写它，记录它。在最近5个世纪的时光里，人类收获了空前的发展和进步，走出了无尽的精采与风情，也遭遇了激烈的冲突与动荡，流淌了巨量的鲜血与眼泪。多少的跌宕起伏，多少的波谲云诡，多少充满戏剧性和转折性的关键时刻，将整个人类舞台演绎成悲喜交加的时代正剧。

在这幕长剧中，东方的中国是当之无愧的主角之一。没有一个民族像她那样在那么短的时间里经受了那么多的苦难与伤痛，也没有一个民族能像她那样穷且益坚、不坠青云之志，更没有一个民族能像她那样拥有无穷的向心力和忍耐力。

从"天朝上国"变成了"劣等民族"的迷茫与愤慨，从"东亚病夫"向"少年中国"的奋进与努力，从"站起来了"向"猛虎在加速"的飞跃与巨变，中华民族不屈的意识和向上的情操点燃了昏暗岁月，铺垫了复兴之路上的一座座里程碑，使人类惊叹于这个文明古国的生命力和创造力，也使世界文明殿堂多了一段自强不息的传奇。

一代代矢志于民族复兴的中国人，前赴后继。1911年，1949年，1978年，仿佛一场接力赛，每一次都使中国到达一个新的更高的起点，去探求并续写新的辉煌。

今天的中国，站在了自1840年以来的最高点，盛世阳光下，幸福显得如此珍贵；而只有曾经历尽苦难的民族，才更加懂得幸福的意义。

生逢盛世是我们的幸运，但每一个时代都有每一个时代棘手的问题，迎难而进，克难而胜，为下一代人铺垫出一个更高的台阶，是历史赋予我们的任务。

回首向来，我们的昨天，深深地镌刻着成长的烙印。我们不仅需要铭记，更需要思考，一路走来，我们经历过怎样的坎坷，做出过怎样的抉择？我们因何走到今天，我们如何走向未来？

历史不可以假设，历史不可以割裂，历史更不能背叛。追问历史是为了关照现实，更是为了在思考中廓清发展的方向。

怎样在历史与现实之间架起一道桥梁，是中央电视台作为国家级媒体的社会责任，我们有义务将"前事不忘，后事之师"的精髓呈现于方寸银屏，正所谓"鉴前世之兴衰，考当今之得失。嘉善矜恶，取是舍非。"我们愿意用游动于千家万户的影 音符号来传承文明，开拓创新，为国家发展、民族复兴、人民 福祉思考并发出自己的声音。

正是带着这样的责任感，2006 年 12 月，刚刚完成《大国 崛起》的创作团队开始了一次更为艰难的跋涉。这一次，他们尝试着穿越历史的迷雾，在 10 个月的时间内，透过三个视角， 用 6 集的篇幅去丈量中华民族 160 多年的历史：

整体视角：从 160 多年历史的整体出发，系统观照各阶段、 各阶层对中国发展道路的探索与实践；

现代视角：从中国社会自新中国成立以来、尤其是改革开 放近 30 年来所取得的伟大成就出发，回望 160 多年中国的历 史变迁；

全球视角：在全球视野内观察中国发展道路的创新对世界的 意义，同时关照世界格局的变化和国际环境对中国发展的影响。

这是一次巨大的挑战。与其说这是一次影像和文字的旅行，不如说是一次思想的游历。 以历史为经，以现实为纬，电视工作者和中外百余位专

家学者的思考，最终凝结成了六集电视纪录片《复兴之路》。同时，针对不同对象的特点，我们又编撰了三卷同名图书。

纪录片《复兴之路》是我台第一次尝试全面梳理中国近 现代历史，同名图书是电视人就同一主题进行跨媒体传播的 又一次实践，无论观众和读者赞同还是批评，我们都将仔细 聆听诚恳接受，并心怀感谢：你们的观看和阅读，是对我们最大的鼓励与鞭策。

德国哲学家雅斯贝尔斯说：如果我们放弃历史，那么对历 史的每一次超越都成了幻觉；世界周围没有道路，历史周围没 有道路，而只有一条穿越历史的道路。

我们期望着观众和读者朋友们可以通过《复兴之路》，体 味到这条穿越历史的道路，追往抚今，汲取力量，共同创 造……

人总是要老的，而一个民族的心是不会老的。我们每一个 没有浪费的华年，都将为中华民族的伟大复兴积淀能量。光荣 属于中国人民！

中央电视台原台长

序二　这是我们的工作

一部凝练的电视片，一套厚重的同名图书，《复兴之路》，散发出一种独特的气质。冬去秋来十个月，它是我看着成长出来的果实，它芬芳吗？它甜美吗？它能令人有所得吗？这些问题应该由观众和读者来回答。我所能说的只是见证它孕育的心路历程。

今天的中国和中国人，已经站在了一个历史的新高度上，却还不是如醉春风、高歌辉煌的时候，因为前方还有峰峦如聚、无限风光，而最壮丽的风光须在巅峰方能一览无余。

这是一个不允许放慢脚步的时代，这是一个必须放眼六来的年代，也是一个必须从过往汲取力量和经验的历史时刻。

创造明天，先要读懂昨天。一个有责任的媒体永远不应该停上对历史和现实的思考，并将思考的成果告诉公众，以正世道人心，以聚民意士气，以利家国天下。于是我们趟进了时光的河，试图追寻已远的岁月。

透过 167 年的风尘，我们看到了什么？

中国五千年的文明在 1840 年遭遇了亘古未有的奇变，自此开始的百余年中，黑云压城，群敌环伺，危如累卵，险逾危崖，其种种艰难险阻前所未有。纷纷扰扰中，泥沙俱下，龙蛇同现，风云际会，复杂之至。

既有守旧者鸵鸟般顽固的抗拒，即使被时代打得头破血流也不愿睁眼看世界；更有先行者痛苦的探索，即使被遍地荆棘刺得体无完肤，也要拓出前途。既有野心家私欲膨胀，在国家危难之时谋取个人的权位与利益；更有理想者微笑着走向死亡，一次次化鲜血与赤诚为复兴之路上的块块石子。

既有思想者用犀利的思之刃剖析自己与他人的心灵，去糟粕，存精华，唤醒民众；更有践行者以厚重的史之手驱散黑暗，点燃光明，推动我们民族执着地前行。

每一个个体都是一段人生，一段故事，每一个故事都像一把沉甸甸的锁挂在历史殿堂的深处，我们永远也无法获知全部的密码来打开它们，面对绵延千年的历史长河，个体生命的行动往往渺小如沧海一粟。然而，集合千万颗水滴即可汇成一条汹涌的大河。167 年来，中华民族正是这样，一步步在风雨如磐的神州大地绘出了一幅慷慨奋进的时代画卷，凝望时，我们清晰地看到了中华民族伟大复兴的道路。

这是一条没有前人的道路，没有现成的经验可循。我们曾以世界为师，认真汲取他人之长，并在辽阔的土地上进行实验，但一次次失败告诉我们无论是西方的"上帝"，还是东方的"佛祖"，都没有现成的经验可以使中华民族走出困境和衰落。一切都必须植根中华大地，与历史中国、现实中国相结合才能使我们破围而出。时至今日，历167年的探求，我们终于可以坦然一笑，中国人民的学习精神与创新精神使我们看到了一个基本结论：在走向复兴的进程中，中国必须走自己的道路，建设中国特色社会主义。

这是中华民族收获的历史之果，也是《复兴之路》剧组的基本认知，并一一呈现于六集纪录片和三卷同名书籍之中。民族复兴是伟大而艰辛的事业，《复兴之路》的创作是一项困难而复杂的工作。《复兴之路》剧组在喧嚣而浮躁的环境中沉下心来，让历史与影像、思想与文字并肩而行，力图用冷静而客观的镜头与笔触梳理历史、表现沧桑、绘制巨幅。

认识历史，需要求证，也需要见识和胆略，更需要平和的心态。媒体人绝不是被动纪录历史的工匠，而是历史进程的思考者、参与者、建设者。一位外国记者在70岁生日时这样说道："我们以由外及内、由近及远的探求为己任，我们去推敲、归纳、想象和判断内部正在发生什么事情，它的昨天意味着什么，明天又可能意味着什么。这就是我们的职业，一个不简单的职业。我们有权为之感到自豪，我们有权为之感到高兴，因为这是我们的工作。"

是的，这是我们的工作。

中央电视台总编辑

目 录

三、自强

四、共和

引 子

　　如同生命一样，一本书总要有一个起点。本书也需要一个起点，或者说是切入点。

　　当我们试图在中国近现代史中寻找到一个真正具有历史深度、厚度和广度的点，来引发百余年所酝酿的所有情绪和思考，总会陷入一种无力的感觉，我们不知从何说起，不知从哪里开始描述中华民族在传统与现代彼此撕扯中的无奈与悲鸣，在农业文明与工业文明两者角力中的徘徊与突围，在沉沦与复兴相互碰撞中的挣扎与前行。

　　人生总要有几个坐标来规划或者标识生命的阶段与质量，国家也一样。19 世纪以来的岁月对于中华民族 5000 年的文明长度来说，不过是一个小小的时间点。但这个节点对中华民族的重要性却无与伦比，百味交糅，是沉重，是耻辱，是鲜血，是伤痛，是从天空坠入地狱的恐惧与沮丧，是在暗夜找寻光明的彷徨与曲折，是从低谷向巅峰攀登的艰辛与壮丽，太多太多的往事与情怀足以让辩才无碍的智者无语凝噎。

　　从某种程度来说，是那个大时代打碎了中华民族的血肉骨骼，中华民族以绵延 5000 年的生命力量开始重新塑造自己，使自己拥有了新的创造力和新的可能性。

　　未曾生我谁是我？生我之后我是谁？一个从古老母体中诞生的新生儿应该怎样看待历史与现实、传统与现代、自我和世界？怎样更好地延展中华血脉的生命力，创造一个打上自己烙印的世纪？对于这些问题，我们已经花了 160 多年的时间，直到现在仍在奋力探寻。

对此，世界也很有兴趣，因为历史昭示着未来，也因为今日之中国是整个世界都无法忽视的一个重要组成部分。人们试图通过历史中国，尤其是近现代中国来了解当今中国，为新世界格局中的生存与发展寻找可供借鉴的资料。

对于中国的解读，人们常常喜欢从北京，从天安门说起。其实在中国近现代史上同样具有坐标性质的城市还有南京、广州和香港，这3座城市所发生的事件同样深刻地影响着中国的历史。但不管怎样，从北京和天安门切入中国近现代史，总是一个不错的选择。

北京自古繁华。进入21世纪后，她已是国际大都会。

天安门，北京的中心。天安门的红墙与苍拔的纪念碑相对静默。从1里之外的水泥森林踱进两者之间，仿佛跨越了时间长廊，被一片古典的庄重风貌雕刻出肃然悠远的心境。在广场上寻觅许久，不经意间一回眸，会感到一种别样的情绪，不管有多少人在她的怀抱里制造喧嚣，都无法掩饰她来自历史深处的冷静气质，在一派热火朝天中辟出凝重，并以一种默然的姿态存在着，让人无法回避。

天安门上巨大的铜钉像是深邃的老眼，冷看潮起潮落，云卷云舒，几代兴亡。横淌于门外金水桥的是时间的河，河面上的浮光掠影，荡漾着岁月的悲喜浮沉。这是一扇历史之门，历史苍凉的背影，久久盘旋于天安门的上空。

宫门深深锁九重，在历史上多数时间天安门是关闭的，隔开民众卑微的视线，以彰显"天之子"的尊荣。如今，天安门是敞开的，任中外各国的人们来抚摸一个民族心灵深处的律动，容许别人深入地了解自己，这是一种成熟，也是一种自信。我们可以由此话如烟往事。

一、断 裂

　　1842 年 5 月 1 日，大清帝国道光皇帝在北京收到了浙江前线的一封奏折，据说可以审讯俘虏了。于是道光抛出了一系列问题：

　　"咭（英吉利）距内地水程，据称有七万里，其至内地，所经过者几国？"

　　"该女主年甫二十二岁，何以推为一国之主？"

　　"该国制造鸦片烟卖与中国，其意但欲图财，抑或另有诡谋？"

　　道光帝的困惑和急躁溢于言表，但前线仓促之间很难回复他想要的答案。他不知道，其实他的皇宫里就有答案。天主教耶稣会传教士南怀仁（比利时人）早在多年之前就为他的高祖父康熙绘制了世界地图——《坤舆全图》，但这份精美的地图被束之高阁，蒙尘已久。骑着毛驴找毛驴，怎么会这样？

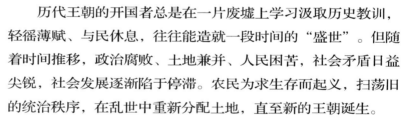

1. 人们可以支配自己的命运，
如果我们受制于人，
那错不再命运，而在我们。

4000 多年前，在黄河流域，一个叫做夏的国家诞生了。此后，商代夏，周代商。公元前 221 年，秦始皇建立了统一的多民族国家，此后秦汉两代创立了中国 2000 多年封建社会的基本模式：

以个体家庭为单位的小农经济，以儒家思想为核心的思想文化体系，以高度中央集权为特征的君主专制，当然，还有发达的农业文明，以及沉静平和的精神世界，人们追求伦理道德和内心的安宁，追求人与自然的和谐。这些特质维系了中国封建社会的稳定和延续，但却无法回避周期性的危机。

历代王朝的开国者总是在一片废墟上学习汲取历史教训，轻徭薄赋、与民休息，往往能造就一段时间的"盛世"。但随着时间推移，政治腐败、土地兼并、人民困苦，社会矛盾日益尖锐，社会发展逐渐陷于停滞。农民为求生存而起义，扫荡旧的统治秩序，在乱世中重新分配土地，直至新的王朝诞生。

河南安阳殷墟出土的
司母戊方鼎

几乎每个王朝都跳不出这个从兴起到盛世，到衰落，直到灭亡的"周期率"。似乎历史只是一部"浪花淘尽英雄"的王朝更替史，历史和现实的危机，不过是一个个王朝的危机。

但无论王朝如何更替，外敌如何强大，内乱如何严重，中华文明却以其博大和坚韧薪火相传，从未间断，生生不息。中华文明强大的凝聚力和自强不息的精神塑造了中华民族，尽管历尽沧桑，国家的统一和各民族的交流与融合始终是历史长河的主流。

历史似乎可以永远按照"周期率"演进下去，而无需考虑其他因素。然而，到公元 1500 年前后，情况开始发生变化：

哥伦布准备离开西班牙
海岸去远航

公元 1492 年 8 月 3 日，哥伦布从西班牙扬帆西云。

从这一天开始，欧洲的航海家们在利益的驱动下，通过船帆征服了海洋，逐渐联结起了整个世界。他们的出发点并不高尚，充满了铜臭和血腥气，但是新世界就这么闯了出来。从此开始，世界的联系日益紧密，没有哪个国家可以无视逐渐扩展到全球的贸易大潮。伊丽莎白一世时的英国已经声称"左右商业的人左右世界的财富，因此也就控制了世界"。

人类的舞台因为视野的开拓而广阔，从葡萄牙和西班牙开始，一个接一个欧洲国家开始在全球范围内谋求自己的兴盛发展之路。

沉寂的大海日益喧闹，却少了中国人的身影。中国明朝水师七下西洋之后再不见踪影，因为仅仅为了宣扬天朝上国的威严而进行的大巡游实在代价高昂。从商业原则来看，这是一个有投入无产出的行为。为了不让后人再做航海梦，给国家财政增加负担，珍贵的航海资料被付之一炬，要求民间"片板不许下海"的政策执行了数百年。虽然几次开禁，但都如昙花一现。

中国的皇帝们始终认为国家的命脉在农业，而不是商业和贸易。对于世界的状况和其他的国家、民族，"天之子"们缺乏了解的兴趣，在他们的脑海中，中国是"中央之国"，富有四海，其他国家不过是仰"中华上国"鼻息的"蛮夷"，有什么必要去了解他们？

在中国内部，自宋朝开始，程朱理学将中国传统的文化观念发展到了一个极端的程度，而且成为中国统治阶层的指导思想。"存天理，灭人欲"，力图使人消融于对伦理纲常的道德追求中，排斥自然欲望，人的生命力和创造力在四书五经中消耗殆尽，种种的发明被视为有悖伦常的"奇巧淫技"，对世界的新认识被视为异端。即使民间刚刚出现一点新见识的萌芽，也在统治者的高压和文化钳制下被扼杀。知识阶层的人们尚空谈、轻实用，文化观念日益保守，思想的创造力日益低下。

此时的欧洲各国已开始走出中世纪的阴影，先后进行了文艺复兴运动和科学革命，一系列新知识、新技术被逐步推广。更重要的是在这一过程中，科学精神日益得到推崇，极大地推动了人类理性的发展，从而为工业化时代的到来奠定了思想基础。

威廉·莎士比亚

17 世纪初，莎士比亚在戏剧中极富预言性地高喊："人们可以支配自己的命运，如果我们受制于人，那错不在命运，而在我们。"他的戏迷——伊丽莎白女王并没有因他说出戏剧对白"脆弱呀，你的名字是女人"而龙颜大怒，更没有兴起文字狱把莎士比亚送上断头台。倒是 40 多年后，要求实行君主立宪制的英国议员克伦威尔把他的国王查理一世送上了断头台，欧洲舆论一片哗然。

伊丽莎白一世女王

彼得一世戎装画像

圣彼得堡城市分布图

查理一世去受刑的路上

　　这一历史性的事件没有引起中国的一丝一毫反应。中国正忙于又一次政治大轮回，大明王朝的末代皇帝在北京煤山（今景山）自尽，清兵入主关内，建立了中国最后一个封建王朝。这是两个在性质上完全不同的事件，中国是传统式的改朝换代，正是百代犹行秦制度，而英国则是资产阶级革命，为资本主义的确立开辟了道路；中国换了一个"坐天下"的姓氏，而英国换了一种国家管理和发展的模式；一个仍停留在封建社会，而另一个已经迈进了近代，并向着现代飞奔。

　　1688年，英国发生"光荣革命"，确立君主立宪政体。1689年，英国人第一次选举产生了自己的国王威廉三世，君权不再神授，而是民授，"朕即国家"的时代在这个岛国率先结束了。

　　资产阶级革命的胜利，为资本主义的大发展奠定了基础。可以与这一事件相提并论的是牛顿在1687年发表的《自然哲学的数学原理》一书，宣告了科学时代的来临，人类站在了"现代"的门槛前，而牛顿头上的光环甚至超过了一个真正的君主，这在中国是不可想象的。

　　在中国，金圣叹已经死了26年，这位著名才子反对地方

牛顿铜像

官刑讯逼粮的恶行，和100多位学生、1000多名百姓到孔庙大哭，却被视为冲撞了祭奠顺治皇帝的仪式，最后被斩首示众。

在中国的邻邦俄罗斯，彼得一世经过政治斗争，夺得大权，开始通过学习西欧来推进俄国现代化进程。1717年，彼得大帝初步建成了一个面向欧洲的窗口——圣彼得堡，它是俄罗斯敢于抛弃某些弊规陋习、学习先进科技文化以及努力向现代国家迈进的象征。

清乾隆帝弘历
（1711年–1799年）

清康熙帝玄烨
（1654年–1722年）

此时的中国，康熙皇帝正鏖兵西北，平定准噶尔叛乱，中国封建社会最后一个盛世——康乾盛世已经到来。康熙皇帝粉碎了俄国对中国东北的领土野心，对于远在天边的喥咭唎，则是知之不详，更不用说像彼得大帝那样向它学习。他因为与罗马教廷的礼仪之争下令禁止基督教在中国传播，同时停止了翻译7000部西方书籍的计划。

康熙一统台湾后，曾经下令开放江、浙、闽、粤海关。后来，清政府认为江浙一带士民反清意识较强，与外国商人过多接触，会进一步引发反清情绪，影响统治，所以便以"防微杜渐"为由要求地方官员加强防范，对开放渐持保守态度。

1748年，法国人孟德斯鸠写下《论法的精神》，认为自由是做法律所许可范围内的一切事情的权利；3年后的中国山东潍县，县令郑板桥写下条幅"难得糊涂"，不久辞官归隐。

1757年，乾隆试图通过提高关税的办法限制外商，但中外贸易巨大的利润以及广州海关名目繁多的陋规使外商对民富物丰的江浙一带趋之若鹜。了解到这一情形之后，乾隆本来心有所动，打算再次开放浙江海关。但数月之后，政策突然大变，乾隆严令只准外商到广州一地通商。英国人大惊："准许在中华帝国东部口岸贸易的时代宣告结束了！"

据说广东方面的官员曾上奏折辩称："办理维谨，并无嫌隙。"虽然乾隆明知广东各级官员早已将外贸事务作为不愿他人分享的禁脔（luán），其间黑幕重重。但是广州海关已经形成了一整套可以严密控制外商与国人交往的体系，这是江浙海关比不了的。从统治的安全性考虑，已经执政22年的乾隆做出了只许广州单口贸易的决定，使本来可以逐步走向世界的贸易趋势再次中止，直到外力打开国门，中国丧失了自主开放主动权和进行社会结构良性调整、解决人口就业和通胀的一个好机会。

1789年，法国发表《人权与公民权公约》，高呼自由、

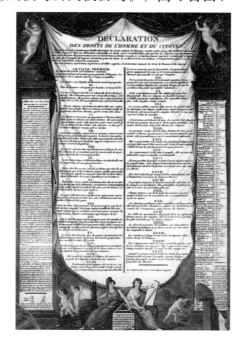

法国《人权与公民权公约》

英国工业革命时的纺织厂　　　　美国独立战争时的战斗场景　　　　法国大革命时人民攻占
　　　　　　　　　　　　　　　　　　　　　　　　　　　　　　　　　巴士底狱

平等、博爱，以人权和法制作为新秩序的奠基石。此时的中国知识分子正小心翼翼地审视自己的文字，生怕掉进文字狱的罗网中，噤若寒蝉的人们"避席畏闻文字狱，著书只为稻粱谋"。"笔墨招非，人心难测"、"时刻留心、免贻后患"成为官场中人的共识，即使像刘统勋这样的朝廷大员，也不敢轻易给人写信，一些有字的废纸即刻焚毁。用龚自珍的话说，这一切是"积百年之力，以振荡摧锄天下之廉耻"。

　　此时如果从外太空看地球，我们会发现俄国从北面、英国从南面对中国形成战略潜在威胁；在太平洋东岸，一个新生的国家——美国开始积蓄实力，不久将成为世界不可忽视的一员。不过，由于欧洲战略形势此时处于大体平衡状态，不久又因为法国大革命引发的欧洲动荡而暂时没有人能对中国的安全形势产生具体的影响。但是危机已经非常严重，因为到18世纪末，中国与英国的差距已经开始拉大，中英制造业所拥有的世界份额比达到了6∶16。

　　18世纪末，英国工业革命、美国独立战争以及法国大革命，深刻地改变了人类文明的进程，没有哪个国家可以无视这股时代大潮。中国仍沉浸在康乾盛世之中，全然不知此时已身处封建社会末世的落日余晖之中，更不知世界已经天翻地覆，欧洲各国正在全球范围内开展贸易、争夺利益和霸权，中国已经成为他们锁定的目标，3000年未遇之大变局即将到来。

　　在百余年的艰苦奋争中，民族独立与人民解放的重任将使一代代中国仁人志士为之求索与奋斗，复兴成为中华民族心中沉沉的痛、深深的梦……

2. 这场争吵是两种植物引起的吗？

1840年4月7日，英国国会一片争吵声，彬彬有礼的英国绅士在用民主的方式讨论一个野蛮的议题：是否对中国开战？辩论进行了3天，看起来似乎是由两种植物引起的。

很久以前，中国的茶叶就为西方所青睐，大量的白银因为茶叶的出口而流入中国，中国几千年自给自足的自然经济传统，使之很少需要向西方世界购买什么，正如乾隆皇帝对英国马嘎尔尼使团所说：天朝无所不有。在英国人看来，货币的单向流动实在不能算是贸易，而且长此以往，英国也无法打开并独占庞大的中国市场，一个封闭的中国绝对不符合"日不落帝国"的利益。

英国的外交官们试图说服中国进行通商贸易，却因为拒绝向中国皇帝叩拜而被赶出中国。英国的走私者们则干脆在中国人中制造了一种需求——鸦片，以鸦片的收入补偿进口茶叶的支出。从1813年至1833年，中国的茶叶出口只翻了一番，

清道光帝旻（min）宁（1782年-1850年）

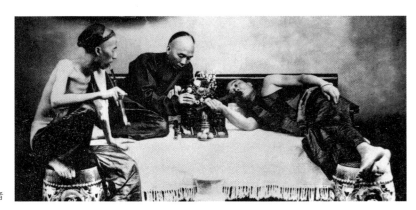

鸦片吸食者

但进口的鸦片却是原来的 4 倍。英国人掠走三四亿两白银。马克思曾愤怒地谴责说："非法的鸦片贸易年年靠摧残人命和败坏道德来填满英国国库。"

英国人蒙哥马利·马丁写道："同鸦片贸易比较起来，奴隶贸易是仁慈的；我们没有摧残非洲人的肉体，因为我们的直接利益要求保护他们的生命，我们没有败坏他们的品德，没有腐蚀他们的思想，没有扼杀他们的灵魂。可是鸦片贩子在腐蚀、败坏和毁灭了不幸的人的精神世界后，还摧残了他们的肉体。"

随着吸食者日众，甚至清朝皇室中都出现了鸦片吸食者。在得知庄亲王和镇国公吸食鸦片的消息之后，道光帝为之震惊。

贸易顺差变成了逆差，而且流出去的白银是为了购买腐蚀自己的毒品。国力凋敝，大清帝国的根基摇摇欲坠。

1839 年停泊在广东珠江伶仃洋的英国鸦片趸船

林则徐（1785 年 – 1850 年），
福建候官（今福州）人

　　湖广总督向道光皇帝警告说："若犹泄泄视之，是使数十年后，中原儿无可以御敌之兵，且无可以充饷之银。"这位总督就是林则徐，他奉诏入京，被道光皇帝召见了 19 次。异乎寻常的礼遇预示着异乎寻常的任务。

　　1839 年 1 月 8 日，冬日温暖的阳光照在北京正阳门，正阳门下许多衣冠楚楚的大清官员聚在一起，他们来送钦差大臣林则徐南下，林则徐将由此直奔广东。谁也想不到，林则徐此去掀开了中国近现代史的序幕。

　　对于如何禁烟，道光帝和他的大臣们曾经进行过广泛的讨论，但却很少从源头来思考问题。虽然有人奏报鸦片烟来源于英国，而且提到，"其国法有食鸦片者以死论，故各国只有造烟之人，无食烟之人"，但中国的多数官员始终认为这是一场内部事务，不屑于了解"外夷之事"。他们不认为禁烟的关键在英国，而认为是中国地方官员和执法人员的懈怠和受贿，以及"狡猾"之民的走私，才酿成了鸦片的泛滥。

　　在广州，干练的林则徐终于认识到了禁烟的关键是英国商人。1 年多来，他打击中国贩私者的禁烟成果，加上此前两广总督邓廷桢的成果，一共收缴鸦片83.5万两，这已经是全国之最了。但这一时期运入中国的鸦片高达8.1万箱，也就是说林、邓的缴烟成果不到总数的1%。

时局把中国推到了这样一种境地：要么对英国商人开刀，并导致战争；要么放任英国鸦片走私者们不停地给中国放血，使国家日益虚弱，最终的结果比战争好不到哪儿去。正如林则徐后来所说："……鸦片之为害甚于洪水猛兽，即尧舜在今日，亦不能不为驱除……而天下万世之人亦断无以鸦片为不必禁之理，若谓夷兵之来系由禁烟而起，则彼之以鸦片入内地者，早已包藏祸心，发之于此时，与发之于异日，其轻重当必有辩矣。"

林则徐把目光盯在了英国商人身上，而英国商人则把这位钦差大臣收缴鸦片的训令视为索贿的暗示，没放在心上。对此，林则徐下令：中止一切中外交易，封锁商馆，撤退仆役，断绝供应。350名外国商人被软禁在广州城外的商馆区。这一行动显出了效力，英国驻华商务总监义律敦促英国商人上交鸦片20283箱。1839年6月3日，在虎门不绝如缕的硝烟中，共230余万斤的鸦片被焚毁，占1838年到1939年运入中国的鸦片总数的60%。

林则徐禁止英国船只进入广州港，停止同英国人一切贸易的行动，符合中国传统的外交哲学。中国古代长期将通商视为"怀柔远人"的恩惠，对于蛮夷的冒犯，很重要的一项惩罚措施就是停止贸易。林则徐的行动与现代国与国之间经济制裁的手段没有太大的区别。对于触犯法令的外国人，林

虎门海防大炮

虎门炮台火药缸

则徐完全可以把他们审讯定罪，但当时仅仅软禁了 47 天，停止生活供给也不过 4 天，并在交出鸦片后将对方驱逐出境，这算是相当宽和了。

林则徐还致信英国维多利亚女王："闻该国禁食鸦片甚严，是因明知鸦片之害也，既不使为害于该国，则他国当不可移害，况中国乎？……外国所必需者，易可胜数。而外来之物，皆不过以供玩好，可有可无……且闻贵国王所都之吨（伦敦）……等处，本皆不产鸦片。唯所辖印度地方……连山栽种……贵国王诚能于此等处拔尽根株，尽锄其地，改种五谷。"

林则徐试图教会女王"己所不欲，勿施于人"的道理。但是他并不知道此时在大英帝国占上风的是殖民主义和帝国主义的逻辑，很少有人有兴趣领略中国的智慧和道德观念。林则徐禁烟的行动在英国引起了轩然大波，许多工业城市要求英国政府采取坚决行动来维护贸易权，有人高喊："给中

英国东印度公司的鸦片储藏库

牛大勇 北京大学历史学系主任

●第一次鸦片战争前后中国在世界的地位

从整个世界历史范畴来看，中国在历史上曾经是一个很强大的国家，但是在17世纪、18世纪这一段时间中国开始落后。最关键的就是以西欧为中心，启动了一个工业化的浪潮，对世界历史进程产生了非常重大的影响。由科技发明，带动工业化，大机器生产，然后西方国家在经济上富国强兵，军事上开始对外扩张远征，政治上采取现代化的政治制度，限制君主专制，实行君主立宪制等等。而在这个浪潮中，中国没有什么动作，没赶上去。

所以到1840年的时候，中国在世界所有大国当中，处于一个相当落后的地位：国民经济总量可能是很大，但是人均收入并不高；没有一个走向现代化的工业，基本上是农业和手工业，所以生产力落后；科学技术落后，人家的科学技术已经发展到那么一个地步，中国的科学技术却没有上去，整个国家的国民教育也很落后，还在搞科举、八股；落后还体现在中国政治制度上，我们还是君主专制制度，这种制度不能适应解放生产力的要求，所以也造成了我们军事上的落后。

Tim Wright 蒂姆·莱特
英国舍菲尔德大学中国研究系教授 舍菲尔德大学东亚研究院院长

●1840年前后中英两国的发展阶段

很明显在1840年以前，中英两国经济发展水平的差距正越来越大。这些差距是何时出现的？许多学者都认为，在1740年，两国的发展水平很相似，比如中国江南地区是非常发达的地方，无论是人们的生活水平、经济结构，还是当时的技术，都非常接近当时西欧发达地区的水平，如英国、荷兰等。所以中国和西欧的这些差距是从何时开始出现的，这在西方的历史编纂中是一个重要的问题。但我认为1840年以前，这种差距就已经很明显了，事实上鸦片战争的结果表明，当时英国的工业技术远在中国之上。

国一顿痛打，然后我们再解释。"

一位英国历史学家甚至用民族尊严来调侃大不列颠的好战心理："记住古罗马的先例，他们的公民在世界各地都受到了罗马公民权的保护。"

于是，在1840年的中国和英国出现了这样一种情况：北京认为问题的实质是一场反毒品的内部司法工作，而伦敦却回避贩卖毒品的现实，认为这"涉及到经商自由的神圣权利"。

16

在冠冕堂皇之下，难掩英国侵略与殖民的野心。中国的邻邦印度此时已经变成英国掠夺原材料、倾销工业品的殖民地。在英国看来，富饶的中国无疑比印度更有诱惑力，是滋润大英帝国最好的养料，足以满足工业革命后英国越来越大的胃口。对于工业革命后生产能力激增的英国来说，扩大市场是它最急迫的愿望。资本主义追逐利益的本性使它不可能放过外强中干的中国，它需要将中国纳入其全球贸易体系，至于手段，并不重要，道德对一个野心勃勃的国家并没有约束力。鸦片战争是一场不可避免的战争。

事实上，在英国也有大量的声音反对因为鸦片而对中国动武，一位英国议员气愤地说："大英帝国的这面旗帜将会变成一面海盗旗，保护臭名远播的鸦片贸易，我不相信英国政府会怂恿国会进行无耻、不义的战争。"

Hans van de Ven　方德万
英国剑桥大学教授

● **1840年中国在世界经济体系中的地位**

与同时期处在工业革命阶段的英国比起来，中国经济已处于落后地位了。造成中国经济落后的原因一方面是受到镇压国内起义的军事行动的影响，另一方面则是因为中国在对外贸易中白银的大量流失。当时国际白银交易的危机对中国经济产生了很大的影响，因为在中国的经济体系中白银是流通货币。因此引发了货币紧缺，给中国经济带来了很多问题。

社会经济状况急转直下，到1840年鸦片战争之前，中国经济已经大幅下滑。

Christopher R Hughes　克里斯托弗·休斯
英国伦敦政治经济学院亚洲研究中心主任

● **鸦片战争时期的英国**

我们自认为是一个强大的国家，但事实上，人家可不这样想，我们觉得这是耻辱，这也只是中国皇帝的印象。我们当时正在提出自以为是合理的要求，比如要求自由贸易等，但这些却遭到了中国政府的拒绝。归根结底是英国已不满足于国内的市场。当时关于自由贸易的争论持续着，为了扩大市场，英国付诸于鸦片战争，也就是说过去用枪炮才能打开的市场，现在用鸦片攻打就可以了。

但是，人类道德的自律精神在这一刻完全败给了一个新兴帝国对利益和鲜血的追逐。事实上，在此后很长一段时间，世界的游戏规则是顺着达尔文的手在运动，公理与正义的话语权操于强者。西方史学家在回忆这段历史时说："心有内疚者被忽视，正人君子被藐视，怀疑主义者被嘲笑。"

最后，战争议案以9票的微弱优势在英国议会投票通过，刚刚登上王位才3年的维多利亚女王在文件上签了字。

战争已不可避免。但是令人奇怪的是，英国很少有人谈论这场战争能否获得胜利，他们派到中国的不过是一支由40艘战舰和7000名士兵组成的军队，凭这些就足以击败中国这个庞然大物吗?

3. 一个民族不进则退，最终将重新堕落。

1832年，一艘英国商船"阿美士德"号遍游中国沿海要地，6月20日，该船进入吴淞，甚至游弋于吴淞炮台周围，尽窥守军虚实。船上的一位传教士说："如果我们是敌人，那么这里的军队的抵抗不会超过半小时。"

虽然中国政府一再下令驱逐该船，当时中国的政治家和军人如林则徐、关天培等，甚至道光皇帝都被惊动，但没人能对这只小小的商船采取有效措施。这艘船在最后的报告中说："全中国一千艘战舰，不堪一小战舰一击!"

时局已如此险恶，但堂堂天朝无人以此为忧，无人知晓危机已迫在眉睫，与世界的疏离和盲目自大正是清帝国最大的危机。在鸦片战争爆发之前，几乎没有中国人意识到这种差距。在闭关锁国的几百年中，中国人同时封闭了自己的眼睛和心灵，甚至出现了十分荒唐的认识。

此时的中国对世界所知甚少。士大夫乃至整个朝廷对世界的无知到了令人震惊的程度。一位文人汪仲洋是这样描述西方人的：他们的长腿不能弯曲，因而他们不能奔跑和跳跃，他们碧蓝的眼睛畏惧阳光，甚至在中午不敢睁开。

两江总督裕谦认为英国人不能弯曲腰身和双腿，如果他们挨打，便会立即倒下。

在广东前线抗敌的林则徐也相信：只要断绝了对西方人茶叶和大黄的供应，他们就会因为消化不良而死。

在今天的故宫里坐落着中国第一历史档案馆，保存有大量的清代档案。其中一部分档案被称为"上谕档"，也就是记录皇帝谕旨的档案。不过，奇怪的是道光皇帝对鸦片战争的谕旨，却不在这里，而在"剿捕档"。

"剿捕档"抄录的是平叛事件的谕旨。将与英国的战争等同于平定叛乱，这就是当时清政府对鸦片战争的认识。在他们看来，中国不是世界的一部分，她根本就是一个世界。天下就是中国，世界就是华夏，像英国这样的国家不过是来进贡的蛮夷小国，应该如同各国一样称为"夷"，并在国名上加"口"边，比如英国应该写成"嘆国"。出于这种不着边际的自大，帝国拒绝与对方发生平等的外交关系。

对于英国可能因此而引发的反应，很少有人提及，清政府上上下下根本就没有把禁绝鸦片与中英关系联系起来，人们对此时世界通行的国际关系规则一无所知。即使林则徐也不认为禁绝鸦片会引发什么"边衅"。鸦片引起的最多只是纠纷，不可能引发战争。

与中国对外部世界的茫然无知相比，英国对中国的了解要深刻得多。在1793年被赶出中国的马嘎尔尼使团中有一位叫托马斯·斯当东的随从在1800年翻译了《大清律例》。这位曾深得乾隆喜爱并得到乾隆赏赐的人正是1840年的英国主战派之一，他在下议院演讲说：

"当然在开始流血之前，我们可以建议与中国进行谈

CCTV 独家访谈

Jonathan D. Spence　史景迁　美国耶鲁大学教授

● **鸦片战争时期的中国和英国**

英国一直在扩张，尤其是在印度地区。在失去北美殖民地之后，英国加紧在印度地区以及拉美、加勒比海和非洲等地的扩展，以弥补其在北美的损失。这是一个英国迅猛扩张的时代，英国动用先进高效的技术和战争装备，尤其是蒸汽船或者浅水木舰，以及先进的大炮武器。我觉得英国当时正处于一个不安和侵略的状态，而中国包括皇帝在内都依然还沉浸在自高自大的情绪中。英国这个时候在工业和技术方面都已经足够强大到打开中国这个封闭的有利可图的贸易市场。

黄兴涛　中国人民大学清史研究所常务副所长

● **鸦片战争前中国上层的统治集团对西方的认识**

实际上当时中国对西方世界了解得很少，也没有渠道。一般老百姓大规模地流到西方是鸦片战争以后，之前也有少数人，有的是随传教士到西方，还有一些人是为了做生意到西方。他们也写过一些关于西方的东西，但是很少，也没流通。清政府最高统治者实际上对于西方的外部世界也不是很关心，只是在涉及到和西方一些交涉事情的时候，他们才会在事件的有关范围内，做一点简单的了解。但是对于整个西方世界的综合情况则了解甚少，也不关心。

中国对西方的这种认识，其实不仅是林则徐，稍晚一点的中国人也有。因为当时的中国人对西方完全无知，不了解。实际上不同的种族之间，它的种族特征有很多区别，比如说当时中国人称英国人"红毛"，这主要是就外表特征而言，眼睛是绿的，他们总觉得它发绿光。在当时士大夫中有很多这种认识，一传到老百姓那里，就变得更加离谱，更加荒唐了。这点应当说也确实反映了当时的中国人对外部世界了解甚少，但更多的我想这可能是早期中西接触过程中必然的现象。

判。但我很了解这个民族的性格，很了解对这个民族进行专制统治的阶级的性格，我肯定，如果我们想获得某种结果，谈判的同时还要使用武力炫耀。"

了解中国的西方人不光是一个托马斯·斯当东。马嘎尔尼认为："一个民族不进则退，最终它将重新堕落到野蛮和贫困的状态。"而一位英国士兵则非常怀疑到底是不是中国人发明了火药，因为他发现几个中国人见到一门大炮空放时被吓得魂不附体。

法国启蒙运动思想家伏尔泰认为："使中国人超过世界上所有民族的东西是：无论是他们的法律，他们的风俗习惯，或是他们所说的语言 4000 年以来都没有变过。"

马克思认为：与外界完全隔绝曾是保存旧中国的首要条件，而当这种隔绝状态在英国的势力之下被暴力所打破的时候，接踵而来的必然是解体的过程，正如小心保存在密闭棺木里的木乃伊一接触新鲜空气便必然要解体一样。

另一位法国伟人则对中国更有信心，因滑铁卢之败而被囚禁在荒岛上的拿破仑对一位英国人说："要同这个幅员广大、物产丰富的帝国作战将是世上最大的蠢事。可能你们开始会成功，你们会夺取他们的船只，破坏他们的商业。但你们也会让他们明白自己的力量。他们会思考，然后说：'建造船只，用火炮把它们装备起来，使我们同他们一样强大。'他们会把炮手从法国、美国，甚至从伦敦请来，建造一支舰队，然后把你们击败。"

但遗憾的是，在 19 世纪按照拿破仑的方式成功的是日本，而不是中国。这个历经苦难的国家还要经受更多的苦难。

这是一个寻求变化、追求发明创造的时代，在这个时代里，中国已经落后得很远了。

鸦片战争中，大多数中国军队只能靠两条腿行军。邻省调兵要三四十天，隔两省约 50 天，隔 4 省则在 90 天以上。小农经济低下的供给能力和狭窄的道路，只能保证每次向二三百人提供补给，当四川的部队增援到浙江前线的时候，整整用了 4 个月。

如果说中国军队用双腿丈量出的是封建社会的速度，那么，英国军队则用工业革命的成果丈量出了资本主义社会的发展速度。他们坐着蒸汽轮船跨越重洋，从英国本土到中国也只需 4 个月，从印度调集援兵和军需品，来回只要两个月。科学技术的劣势使清军丧失了本土作战的优势。

技术的差距只是冰山一角，更大的差距在于社会生产力和社会制度。

英国在 15 世纪和 16 世纪的生产率是 19 世纪中国的 2.8 倍，当英国工业革命的大火勃然而起的时候，中国还没有一家近代工厂，只有家庭手工业，至于与现代化工业相匹配的政治、经济、文化、教育制度更是全无踪影。

此时的中国，社会基础仍然是男耕女织的小农经济，主体是租佃农和自耕农，粮食和纺织品构成了社会的主要产品。一家一户、自给自足的生活构成了中国专制制度赖以存在的经济基础，马克思认为这"始终是东方专制制度的牢固基础"。

此时的英国，生产性人口 600 万，但工业革命造就的生产力已经达到手工劳动 6.5 亿人的生产力，大工业生产和手工劳动生产率的比例是 108 ： 1。

当英国人用新的方式管理国家，甚至管理君主的时候，大清帝国的权力依然牢牢掌握在皇帝手中，科举制度选出来的大多数官员奉行"多磕头、少说话"的官场秘诀。官员们想要建功立业，首先要学会的是揣摩上意，只求讨好而不顾事实。

皇帝和大臣们统治国家的依据不是事实本身，而是 2000 多年前圣贤说过的话。即使这些话的一些内容仍有意义，但以此来衡量一切显然很不合适，除非 2000 多年来这个国家没有发生任何进步，这显然不符合人类社会最本真的规律。

中国的封建统治在清代达到了登峰造极的程度，皇帝的威权无与伦比，所有大权都操于其手，"宰相"这个名称像西方国家的"恺撒"一样成了一个尊称，被称为"相"的大学士们更像是皇帝的秘书班子，按照皇帝的意思上传下达。内部终于再没有一种力量可以威胁皇权，而外面的世界根本就不在中国皇帝的眼中。

中国统治者们死守"华夷之辨"的天朝大国思想，拒绝与外部世界平等交流，也失去了吸收世界先进文化的良机和自我改造的能力。1731 年，一位欧洲人写道："他们体制的恒久不变并不证明他们的优越，因为这阻止了他们取得任何进步。"12 年后，一位海军上将建议对中国采取炮舰政策，那时距离鸦片战争还有整整 100 年。

中国是以中世纪的军事、中世纪的政府、中世纪的社会以及中世纪的人来对抗已经走向近代化的敌人。马克思在批判鸦片贸易罪恶的同时，也指出：这是两种文明、两种制度的碰撞，先进的资本主义制度必然战胜落后的封建制度，竭力以天朝尽善尽美的幻想来欺骗自己，这样一个帝国终于要在这样一场殊死的决斗中死去。

对于中国来说，挟海风而来的第一柄利刃已高悬头顶，前所未有的大灾难才刚刚开始……

4. 英雄战死沙场，懦夫苟全性命，汉奸张牙舞爪，官吏谎报军情，民众置身事外。

1840 年 7 月 5 日，这一天，道光皇帝与往日没什么不同，他处理了几件日常公文。但对中国来说，大变局以一种狂暴的势态到来了。这一天，东海之滨，舟山群岛的定海已是一片硝烟弥漫。下午 2 时 30 分，英国远征军的 19 艘战舰向定海守军发动攻击。9 分钟之后，守军战船和岸炮失去战斗力。当天夜里，部队溃散。

此后两年，英军多次在广东、福建、浙江、江苏等地发起进攻，烽火在万里海疆处处点燃，呈送战报的马蹄声常常踏碎天子脚下的宁静。最后，屡战屡败的清政府被迫议和。历史学家将这场战争称为鸦片战争，中国近代历史的大幕由此拉开。

清朝拥有 80 万军队，而英国派出的远征军初期只有 7000 人，到战争结束时也不过 2 万人。以武力立国的大清王朝面对坚船利炮无能为力，屡败于远道而来的英军，中国的虚弱一展无余。除上文提到的一系列令人沮丧的落后之外，社会各阶层的作为更令人感到痛心：英雄战死沙场，懦夫苟全性命，汉奸张牙舞爪，官吏谎报军情，民众置身事外。

第一个进入我们眼帘的群像是军人。17世纪中叶，数万八旗南下，建立大清王朝，然而承平日久，八旗和绿营全然不复往日骁勇。后世的西方历史学家曾如此描写当时的清朝军队：

"花名册上尽是弄虚作假；为了应付点卯，就匆忙地募市场的苦力；也举行定期军训，但重在观瞻而不讲究实际，注意搞戏剧舞蹈般的剑术程式动作。每当发动大战役时，原由互相猜忌的各地指挥官分别统率而互不配合的部队必须置于一个统帅统一指挥之下，而这位统帅常常是对他所领导军队的特点竟是毫无所知的非军人。在实际战斗中，队伍很可能不是开小差就是劫掠农村，结果是使本国人而不是使敌人害怕他们。"

更大的差距在军事技术和军事理念。当英军充分展示火器的犀利的时候，清军仍处于冷热兵器混用的时代，整整落后了200余年。清军在战争全过程中未能击沉英军一艘战舰，自己的阵地却被打得千疮百孔。战争样式已经残酷且陌生得让中国军人无法相信，这不再是光凭借勇气和正义就可以取得胜利的时代，科技的重要性掩盖了冷兵器时代个人的风采。

关天培，一位即使敌人也为之动容的军人。一位英国人曾这样写下关天培悲剧性的战斗：

"作为一个勇敢的人，公正的说法是，提督的举止配得上他的地位……当他起锚后，很可能是斩断或解脱锚链，以灵敏的方式驶向女王陛下的战舰，与之交战。这种毫无希望的努力，增加了他的荣誉，证明了他行动的决心，然而，不到3刻钟，他和舰队中尚存的战船便极其悲伤地撤回到原先的锚泊地。"

关天培的作战方式非常古典，他试图靠近敌舰，与敌肉搏，然而在英军猛烈的炮火下，这一目的始终没有实现。

面对防不胜防的万里海疆，清朝军队只能固守要点，以炮台与英军相抗衡，炮口固定在敌军的正面。英军的战术也始终没变，那就是以炮舰正面轰击，以陆军从炮台的侧面登陆，

关天培（1780年－1841年），
江苏山阴（今淮安）人

关天培使用的望远镜

抢占制高点，两面夹击。关天培死于这一战术，定海三总兵同样死于这一战术，短兵相接的中国军队一次次败于这一完全相同的战术。

在浙江，清军组织了一次精心准备的反攻，其指导思想是"五虎制敌"，也就是在虎年虎月虎日虎时，由一个属虎的总兵指挥战斗，试图"驱虎吞羊（洋）"，但是中国古老的风俗并不能保佑身处近代化战场的中国军人，其结果可想而知。

穿鼻洋海战图

被提拔的"剧作家"

与我们如今对鸦片战争的沉痛感觉颇为不同的是，在当年战败的清朝官场里仍然有着喜气洋洋的欢声笑语。

1841年夏，道光皇帝的谕旨传到广州，赏"靖逆将军"奕山白玉翎管，并"交部优叙"。奕山也十分"厚道"，一下子保荐"功臣"500余人，使广州官场几乎人人有赏。其实，此时连广州城都是靠600万两银子赎回来的。奕山们得到的赏赐都是靠"编剧本"骗来的。

明明是用钱赎回的城池，奕山在奏折中却说是"夷目"（英军指挥官）在城下脱帽行礼，恳求"大皇帝开恩，追完商欠，俯准通商"。

在奕山等人笔下，耀武扬威的侵略者变成了苦求恩赐的弱势群体，将英军装点得谦卑懂礼，赚得道光龙心大悦，于是同意了"夷目"的要求。奕山一看情况不错，将"情节"推上了高潮，他在奏折中活灵活现地描写英军"额庆欢忭，免冠感伏，声言永不敢在广州滋事"。

这实在很合道光的脾胃，于是"妙笔生花"的奕山们自然人人加官进爵。

但假的就是假的，不久之后，英国人不满意这点收获，战舰北移，试图从中国得到更大的好处。道光皇帝终于发现，他成了一个被默契的部属共同欺骗的冤大头。

道光帝令奕山等严密催办军需收复香港岛并抚绥各国事务（上谕之二）

用中世纪的战法应战近代工业化条件下的战术，关天培的勇毅令人感动之余，也令人扼腕不已。当关天培的家人领走他的遗体的时候，英军战舰鸣炮相送。另一批数量宏大的中国军人不仅让敌人嘲笑，也让自己人齿冷。在虎门之战中，一些清军将领率先逃跑，愤怒的士兵打响了第一炮，但这一炮不是打向侵略者，而是打向自己的指挥官。

鸦片战争中的第二个值得关注的群体是老百姓。在英军攻击广州的时候，河道两边的山上，往往聚集着大量的百姓，他们以一种极其冷静的目光注视着英军对本国军队的攻击，"壁上观"的姿态令英军大为诧异。

不久之后，同样在广州城郊，三元里的人民自发聚集起来，在大雨中愤然向英军发动进攻，并取得了不逊于清军的战果，其舍生忘死的勇悍同样令英军大感诧异。

中华民族具有国际普遍标准的民族精神是在外国侵略者一次次打上门来的羞辱中一步步强大起来的。她成长于五四运动，煅烧于抗日战争，成熟于中华民族重新站起来的时期。中华民族之魂将在一次次的血雨腥风之中重新塑造。三元里人民在大雨中的血战，为近代以来的中华民族骨骼里揉进了坚韧的钙原素。

广州镇记码头远眺

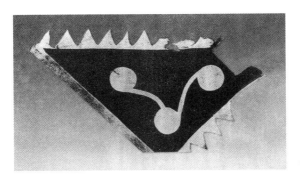

三元里村民在抗英斗
争中使用的三星旗

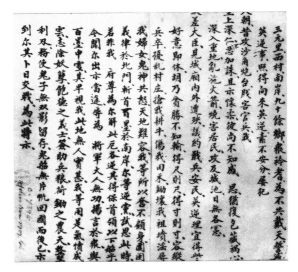

三元里村的讨英檄文

鸦片战争中的第三个值得关注的群体是清军统帅们。林则徐、琦善、耆英、伊里布、杨芳、奕山、奕经、裕谦、颜伯焘、牛鉴等等。在鸦片战争中，统帅们出现了一个奇怪的现象：

统帅们本来多是主"剿"派，都没把"化外乌合之众"放在眼里，纷纷向皇帝打包票。但一旦亲临前线不久，在英国的大炮轰击下，就完全找不到应对之道，大多数统帅的主张就从"剿"变成了"抚"。战不能胜，和不敢言，更怕皇帝追究责任，于是往往编造谎话和战绩，将一场场惨败粉饰成大胜，将求和掩饰成施恩。

由于统帅们对世界的隔膜和无知，使敌人得到了许多从战场上没有得到的东西，类似于天上掉馅饼的好事一再落到了西方各国的头上。

5. 千秋万世何以善后？

1842年8月29日，南京江面的水波不改往日激滟，但却有一种苦涩荡漾在空气中，也荡漾在清朝官员耆英、伊里布的心头，英国人在战舰"康华利"号上布置了一场盛大的仪式，作为焦点的耆英、伊里布在《南京条约》上签下了名字。

《南京条约》共有13款。之所以将它称为不平等条约，是因为它割地、赔款、赦免汉奸。另外三项规定：五口通商、废除行商和新定税则，从内容来看，这可以促进中国对外贸易，似乎是实现从小农经济向市场化的工商经济转变的有利手段。但是英国人不会替中国人谋福利，英国的目的是为了将中国纳入由它主导的世界贸易体系，使大不列颠的大老板们谋得更大的好处，这也正是他们发动这一战争的初衷。事实上，仓促开放市场的中国成为西方国家的淘金矿，蒙受了巨大的痛楚，阵痛延续了上百年。

如果仅此而已，那么这是一桩可以通过奋发图强去努力弥补的耻辱。然而，中国人从这次战争中得到的是更多的耻辱以及无穷的贻害。中方的统帅们并不完全了解条约的内涵，

1842年8月29日，中英双方代表在英舰"康华利"号上签订《南京条约》

虽然他们也恐惧于历史的名声，担心"千秋万世何以善后"，但是他们担心的内容与我们现在的看法大相径庭：他们担心的是"夷夏之防"，最令他们生气的并不是割地赔款，而是"夷妇与大皇帝（也就是英国女王与道光帝）并书"。

北京，紫禁城里的道光皇帝也深为不满，他在圣旨中说："览奏忿懑之至！朕自恨自愧，何至事机一至如此？"他觉得这份条约的内容实在与他的想象差距太大，但南京就在英军炮口之下，英舰虎视于海，随时可以北攻京畿，虽然远隔千里，他仍然感到了英军战舰的咄咄逼人，只能同意签约。但又极不甘心，于是要求耆英等人继续交涉，挽回一些颜面。

南京，两江总督府里的耆英也在思考下一步的问题，他同样对条约不满，并希望做一些补救。南京条约签订后的第三天，他向英军送出了一份照会，提出了12项交涉内容。

关于撤军、保护中国人的问题在《南京条约》中已有明文规定，再商此事，显然耆英等人对英方会不会履行条约心中无数。

最要命的是，关于英国人在中国触犯法律的问题，为了避免引发外交事端，耆英竟主动建议："此后英国商民，如有与内地民人交涉案件，应即明定章程，英商归英国自理，内人由内地惩办，俾免衅端。"这就是贻害中国百年的领事裁判权的开始，中国司法对于在华犯案的外国人失去了任何约束力，这是对中国主权最严重的打击！

对于逃入英国船的中国犯人，耆英要求英国人自动交出。话看起来没错，但实际是将到英国船上搜查、逮捕中国犯人的权力拱手相送。

对于关税，耆英把原本按照国际惯例该由中国政府自行处理的事情，拿去与英国商量，相当于倒持利剑，把剑柄交到他人手中，本身就已经损害了中国的利益。当时的中国官方普遍对此事背后的意义没有更深的理解，中国向来不把对外贸易的收入作为国家财政的一项重要收入，对于此事的态度是只要不因此引出纠纷就好，至于外贸收入那是次要的，却不知这是此后中国向现代化迈进过程中很大的桎梏。

英国代表璞鼎查收到照会，如获至宝，一番研究后，他为大英帝国找到了更大的利益。璞鼎查引诱着对国际游戏规则一无所知的中国谈判代表一步步走入陷阱，大谈本就应由中国自行决定的一系列问题。

10月8日，中英签订《虎门条约》。大清帝国糊里糊涂地再次接受了一根绳索，并将它套在自己的脖子上。英国战舰获得进泊通商口岸权，破坏了中国的领土主权。它们在"约束侨民"的幌子之下，将黑洞洞的炮口时时面向中国，成为随时可以向清政府施压的利器；将在华英国人的司法审判权送到英国手中，破坏中国司法主权；谈判决定26类160余种货物的税率，中国失去了单独改变税率的权利；片面的最惠国待遇，使英国可以享受中国政府给予其他国家的一切权利，"利益均沾"。

事情并没有结束，中国的虚弱和中国政府对国际游戏规则的无知落在了各国的眼中，而且英国代表"无私"地将与中国打交道的经验传授给了各国外交人员。美国以战舰耀武，又以觐见中国皇帝相要挟。中国政府刚摆脱战争，按传统又不愿拉下面子接见一个既不为朝贡而来、又不跪不拜的"蛮夷"，于是中国谈判代表耆英的底线是只要美国人答应不去北京觐见，那么万事好商量。美国代表顾盛用一纸觐见中国皇帝的国书换来了英国耗时两年、征战万里海疆所得到的一切，甚至犹有过之。而清政府因为对互派大使、觐见驻在国元首的国际惯例的误解和恐慌，付出了令人无法想象的巨大代价。

望厦，澳门旁边的一个小村庄。1844年7月3日，中美双方在此签订《望厦条约》。其条款除了《南京条约》中的内容外，还将关税问题上升为"协定关税"，也就是说清政府想改变税率，必须获得所有缔约国的同意，中国的经济主权严重受损；对英国人的司法审判权到美国人这儿变为领事裁判权，逮捕、审讯、定罪、惩治等各种司法权一并失去；此外，

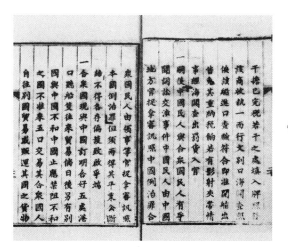

《望厦条约》抄本

还有修改条约的规定等等。美国代表顾盛狂喜之下，一下子向国内报告了《望厦条约》胜过《南京条约》的 16 项优点。

当耆英等人还在为回避了与英、美各国发生冲突的危险而沾沾自喜的时候，法国人又找上门来，他们与美国人的手段一样，以上京觐见为由，获得了与英国、美国同样的待遇，包括领事裁判权、协定关税、片面最惠国待遇，以及军舰出入口岸等等。当然，始作俑者的英国也决不吃亏，一条"利益均沾"的条款使它获得了中美《望厦条约》和中法《黄埔条约》中的一切好处。

此后，西方各国蜂拥而来，瑞典、挪威、德国，甚至比利时、荷兰这样的弹丸小国都可以不动枪炮，从皇皇"天朝"获得令他们自己都难以相信的权益。大清帝国在数十年之后才慢慢了解到自己为后世子孙到底留下了点什么：他们曾经坚持的不过是镜花水月般的"尊严"，而他们轻易放弃的恰恰是一个民族和国家赖以维系的根本。

1841 年 1 月 26 日，英军占领香港岛，登岸的地方便是现在香港的水坑口街，在英文中，水坑口的街名就是"占有"。这标志着中国半殖民地半封建社会的开始，也是血泪斑斑的中国近代史的开始。那片美丽的香港海湾被冠以维多利亚女王的名字，以纪念英国对一个古老文明的胜利。

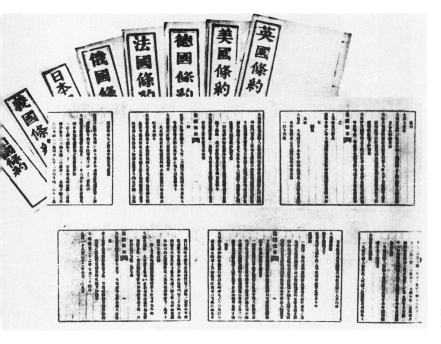

清政府与各国签订的不平等条约

　　面对不平等条约，道光皇帝曾在痛苦中煎熬。据野史记载：
"条约既定，帝阅之，徘徊于廊下，直至夜分。从者时闻帝
叹息之声，或自语曰：'不可！不可！'"

　　虽出自野史，但作为一个一向自认为是天之骄子的人来

英军占领香港岛时的登陆地——大笪地（今香港上环水坑口街附近）

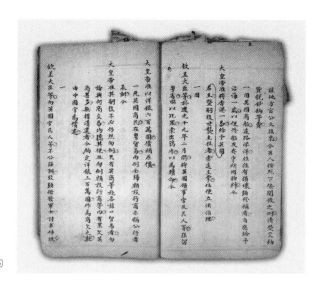

《南京条约》中的
部分条款

说，忽然自九重天坠入地狱的彷徨无奈是可以想见的。对中国而言，鸦片战争成为一块界碑，铭刻了古老中国在枪炮逼迫下走入近代的屈辱、彷徨和困惑。

直到今天，这段历史带给我们的伤口依然隐隐作痛。曾经自尊得近乎自大的民族，由此在100多年的时间里自卑得近乎迷失了自己。中华民族开始了漫长的寻找，寻找失去的尊严，寻找在世界的位置，寻找复兴的道路，也寻找着未来……

二、惊 梦

1841 年 7 月的一天，江苏镇江。两位老朋友相会，本来打 算对榻共语，但是他们却没有老友相逢时的愉悦与兴奋，有的 只是共同的悲愤与无奈，千万种情绪交织在一起，反而让他们 无从说起，只能相对无言，一夜未眠，正所谓"万感苍茫日，相 逢一语无"。

第二天，其中一位遣戍伊犁，他就是林则徐，虽然被贬边疆，但仍然惦念着东南烽火，就在去新疆的途中还曾写诗云：

小丑跳梁谁殄灭？中原揽辔望澄清。

关山万里残宵梦，犹听江东战鼓声。

另一位是魏源。

此时中国在鸦片战争中已现颓势，他们希望为中国做点什么。他们用自己的言行第一次回答了关于近现代中国命运的一 组大问题：

中国何去何从呢？是排斥外来的一切，还是改革时弊勇于向敌人学习？

他们虽然为中国悲哀的近代史带来了第一抹亮色，但是历史的残酷就在于它不仅不会因为一个民族的苦难而让其向好的 方向发展，反而常常令灾难更加深重。当我们翻开那些沉重的 书页，经常会陷入一种愤怒与悲凉无从宣泄的情绪：我们看到 老屋着了火，母亲还在沉睡，我们无论如何都发不出声，动不 了身，叫不醒苦梦中的母亲，满腔的焦急在身体里迸发成一团 大火，焚毁了五脏……

1. 太息绕朝终不用，为君一读一长嗟。

这是一本希望创造奇迹最后却没能发挥应有作用的书，这是中国历史上第一部系统介绍西方的中文著作——《海国图志》。其著述者一句简短的话"师夷长技以制夷"，成为后世许多中国人渴望实现的目标。但是这句话在刚成书的近20年间却并没有引起国人广泛的共鸣，《海国图志》的命运同它的作者一样坎坷。

魏源少有才名，但是科考不利。他有济世救国之志，一向关注社会现实。1841年，他进入两江总督裕谦的幕府，参与谋划对英作战，并在前线审讯俘虏，他由此获得了对英国的第一个直观感受。但面对进退失据的清政府、昏聩无能的高层官员，他一怒之下，愤而辞归，立志于著述。他接受了林则徐在广州组织编写的西方国家资料《四洲志》，并开始进一步搜集资料，编著《海国图志》，以唤醒国人，了解世情，挽救危亡。

魏源编著的《海国图志》

魏源（1794年-1857年），
湖南邵阳人

1 年之后，《海国图志》成书。初为 50 卷，后经修订、增补，到 1852 年成为百卷本。书中全方位地介绍了世界各国的地理、历史、政治、经济、军事、科技，乃至宗教、文化、教育、风土等各种情况，不少造炮制船这样的近代军事科技资料，也汇聚书中。编书的目的正如魏源所说"为以夷攻夷而作，为以夷款夷而作，为师夷长技以制夷而作"。

今天，《海国图志》是中国人说起 19 世纪的中国必会提到的一本书，它的价值到底在哪里？

魏源以前所未有的客观目光审视着当时的中国与世界。他不仅清晰地点出了中国的问题："夷烟蔓宇内，货币漏海外，此前代之所无也"，更看到了整个世界大势："岂天地气运，自西北而东南，将中外一家欤！"他认识到地处东南的中国已不再是中心，远远落后于欧洲，而且世界正在逐步成为难以分割的整体，这是对世界市场日益扩大的直觉反应。

在中国传统文化环境中长大，对中华文化充满自豪的魏源直面中国的落后与西方的强势，开始反思"天朝大国"的迷梦。他看到了坚船利炮的力量，也隐约看到了近代化国家在制度上的长处。他曾盛赞刚刚立国 60 余年的美国民主制度：

"一变古今官家之局，而人心翕然，可不谓公乎！议事、听讼、选官、举贤，皆自下始；众可可之，众否否之，众好好之，众恶恶之；三占从二，舍独徇同……可不谓周乎？！"

这也许是中国对于民主制度的第一次惊叹。魏源希望中国可以学习这些好的制度，从而"风气日开，智慧日出，方见东海之民，尤西海之民"。随着时间的推移，魏源对世界的认识日益深刻，他倡导树立更客观的世界观，希望中国人民能够改变心态，认识其他民族的长处，与其他民族平等相处，他甚至对"夷"的说法也提出了置疑：

"诚知夫远客之中有明礼行义，上通天象，下察地理，旁彻物情，贯串今古者，是瀛寰之奇士，域外之良友，尚可称之曰夷狄乎！"

那么，如何应对这几千年来中国面临的最大变化？魏源主张在广州设立造船厂和兵工厂，延聘法国和美国工程师督造，并教授船只的航行和武器的使用。

他希望满清朝廷能够成立专门机构研究西方各国政经情势，他说："知己知彼兵家策，何人职司典属国？"他主张引进外国技术与人才，深入学习欧美先进的军事、科技成果。

为了捍卫中国的独立自主，他号召"以甲兵止甲兵"，主张学习西方制造战舰、火械等先进技术和选兵、练兵、养兵之法，改革中国军队。他敏锐地感受到中国受到的威胁不光在东南，北方也有大患，他警告人们勿忘俄罗斯"并吞西北之野心"。

他主张严格限制官员参与经济活动，希望通过参与世界市场的竞争而促进中国经济发展。国家的任务是为经济发展创造条件并保护经济。

魏源对鸦片战争失败的认识仍停留在技术层面，对于制度性的落后虽有涉及，却还没有系统的论述，有些观点不脱纸上谈兵的书生气，对此他自己也承认："然则，执此书即可以驭外夷乎？曰唯唯否否。"

但必须看到，作为在旧文化环境中成长的魏源来说，一句"师夷长技以制夷"，已带着理性救国的态度，道出了第一代睁眼看世界的中国人对国家前途的思考，这是极其不易的，因为不是每个人都能摆脱生存环境的束缚，也不是每个人都能客观审视敌手的长处。

梁启超在《中国近三百年学术史》中指出："《海国图志》之论，实支配百年来之人心，直至今日犹未脱离净尽，则其在中国历史上关系不得谓细也。"

然而魏源万万没有想到，他寄寓救国图强梦想的《海国图志》遭遇空前的冷遇。

当时中国识字者最少也有300多万人，然而却少有人去读这本书，更别说认真领会书中的深刻内涵。一些看到此书的官吏士绅不屑一顾，有人主张将《海国图志》付之一炬，他们无法接受书中对蛮夷的"赞美"之词，因为他们认为中国只是武器装备不如英国，中国的文化乃至政治制度远在英国之上。

道光皇帝去世 7 年前，魏源的《海国图志》即已问世，但道光皇帝生前没有看过《海国图志》。《海国图志》问世 16 年后，兵部侍郎王茂荫上书咸丰皇帝，要求"亲王大臣、八旗子弟"学习《海国图志》，因为"知夷难御，而非竟无法可御"。这个可以抵挡列强的"法"，就是《海国图志》。但这个建议如石沉大海，波澜不惊。

这本书最后既没有被烧掉，也没有引起太大反响，在国内只印了千册左右。有的时候，没人理睬要比群起而攻更可怕，因为后者至少说明还有关注者，而前者表明人们连轻视的姿态都懒得做。

魏源官至知州，但在 1853 年以"贻误文报"、"玩视军机"的理由被革职。后来虽然起复，但他已是心灰意冷，以年过六旬、遭遇坎坷为由相辞，潜心于佛学。

1857 年，遁入佛门的魏源病逝于杭州的一间僧舍。同时代的一位诗人为之不平："气壮群推魏无忌，心孤谁识贾长沙……太息绕朝终不用，为君一读一长嗟。"

这不是普通的怀才不遇，魏源的命运意味着中国的命运还在昏昏沉沉地滑向不知底的深渊。魏源没有想到，他的知音者竟在日本。

2. 一边是"惊破太平梦，彻夜不能眠"，另一边是"大有雨过忘雷之意"。

1851 年，一艘中国商船驶入日本长崎港，在例行检查中，日本人发现了 3 部《海国图志》。据说，这是《海国图志》登陆日本的最早记录。虽然《海国图志》被日本检查官评定

美国佩理船长和日本幕
府官员举行会谈

为禁书，但很快 3 部书便被如获至宝的日本官员和学者买去。

此后，在中国销量极差的《海国图志》不断"偷渡日本"，成为一些日本人的案头爱书。海上的炮声已使一些有心人预感到了危机。

两年之后，危机降临日本。美国船长佩理率 4 艘黑色蒸汽战舰闯入东京湾，德川幕府知道打不过，只得施缓兵之计，约来年再谈。第二年 2 月，佩理率 7 舰而至，在当时世界第一流战舰的俯视下，德川幕府签订了丧权辱国的条约，此后又与其他西方国家签订了一系列不平等条约。日本同中国一样一步步向半殖民地半封建国家滑去。

这让日本人感到了莫大的刺激，从一首歌中可以感受到日本人的反应：

"名茶上喜选，只消喝四碗。

惊破太平梦，彻夜不能眠。"

"上喜选"的日本读音与"蒸汽机"相同，四碗"上喜选"就是 4 艘蒸汽战舰。仅仅"四碗浓茶"就打破了日本人的苟安心理，以不眠不休之志开始救国图强。

国难当头，《海国图志》擦亮了日本维新人士的眼睛。就在佩理到日本的这一年，日本人开始翻印《海国图志》，一共印刷了 15 版之多。到 1859 年，价格飙升了 3 倍，成为日本朝野上下革新内政的"有用之书"。长期流亡日本的梁启超认为，明治维新的前辈们，"皆为此书所刺激，间接以演尊攘维新之活剧"。

日本维新思想家佐久间象山读到《海国图志》后说："呜呼！予与魏，各生异域，不相识姓名，感时著言，同在是岁，而其所见亦有暗合者，一何奇也，真可谓海外同志矣！"

独家访谈

Akira Iriye　入江昭　美国哈佛大学教授

● 日本和中国在20世纪走了两条不同的道路

从根本上说，我认为大多数中国人和日本人都认识到了存在的危险，只不过我认为日本比中国更快地学习西方。日本很快将其国家变成了一个军事强国来抵抗西方，并且决定仿效西方建立帝国，进行殖民。就在中国人准备进行改革之时爆发了中日甲午战争，这对于中国来说是很不幸的，因为从某种意义上，它打断了中国现代化的进程。中国的现代化应该开始更早或者说成功得更早，但是由于日本的入侵，它不但占领了台湾，也导致了西方国家在中国的扩张。我认为从1894 年到 1915 年的这段时间发生的事件十分不幸。它们本不该发生的。

狭间直树　日本京都大学名誉教授

● 中国洋务运动和日本明治维新的比较

在各自的社会里面，或者国家体制里所占的关系性来看，是相当不同的。在清朝，是在它原有的统治体制下制造新的东西。与此相比，日本从领导层来说，从管理者来看，要建立的是一个市民平等的新社会，消灭阶级的社会。虽然阶级没有完全消失，但和江户时代、德川时代相比，确实变得自由多了。比如东京大学那样的最高学府，和身份没什么关系，有能力的话就能上。只是，从地方上去东京不太容易，能上的人非常少。不像德川时代那样，武士是武士，现在普通的百姓也可以去上大学，只要努力，也能成为管理者，进入管理阶层。

还有一个重要的方面是劳动者。日本明治维新以后，一下子就完成了近代教育，这是世界上少有的速度，近代教育重要的地方是以全国人民为对象，是以科学为中心，以新课程的形式教给孩子们。这样的体制在明治维新时期基本上已经确立了，在甲午战争的时候，同样在打仗，其实两国士兵的素质是非常不同的。

[图片：林则徐奏折书法]

林则徐奏折，内容为责令澳门官方驱逐英国不法商人

耆英（1790年－1858年），满族，爱新觉罗氏，满洲正蓝旗人

窄窄的海峡，隔开了中日两国。双方在19世纪中叶本来处于同一状态，也许中国的情况还好一点，可是双方对于耻辱的反应却相差甚大，甚至远比一道海峡宽阔得多。在那边是"惊破太平梦，彻夜不能眠"，而在这一边是"大有雨过忘雷之意"。

林则徐曾收录朋友来信，成书《软尘私议》，其中有一则这样描述北京战后的情景："议和之后，都门仍复恬嬉，大有雨过忘雷之意。海疆之事，转喉触讳，绝口不提，即茶坊酒肆之中，亦大书'免谈时事'四字，俨有诗书偶语之禁。"

战争结束时，道光帝已经60岁了，他希望耳根清静，讨厌听到不好的消息，当得知英军撤出了长江之后，道光皇帝的第一个反应就是下令沿海各省撤军，以节省军费。道光帝从这场战争中总结出来的教训不是如何励精图治，而是"用人不明"。这个"人"指的不是在懵懂中将大量主权拱手相送的耆英等人，而是林则徐，耆英则被道光视为"慧眼识珠"的成果。

大清官场中多是"聪明人"，懂得以皇上的喜恶为好恶，对许多人来说，"前程"比什么都重要。至于"英夷"，不过是帝国曾经面对的小小麻烦，在"圣上天威"震慑下，再稍稍"怀柔"感化一下，敌人不是乖乖退走了吗？不是又可

以安享富贵了吗？战争结束了，中国的一切又回到原点，清政府的军政大员弹冠相庆。

19世纪中叶的中国政治气候中还缺乏日本那种向敌手学习的勇气，救国的紧迫性还无法改变传统思维的惯性，1840年的坚船利炮无法惊醒一个传统过于深厚的天朝迷梦，变革连萌芽都没产生就已结束。

文明是需要滋养的，无论底蕴多么厚重，都必须不断吸收新的养分才能保持青春、祛除暮气，获得新的发展。如何看待并继承传统文化和历史？如何借鉴并吸收其他文明的长处？如何处理传统与现代、东方与西方的关系？这些都成为中国此后百余年贯穿始终的问题。

中国的海疆似乎恢复了平静。但世界却越发风生水起。

1848年，马克思发表《共产党宣言》，宣称资本主义将被共产主义取代。各国工人运动风起云涌。

1851年5月1日，英国女王维多利亚在伦敦海德公园为第一届万国博览会剪彩，此时的大英帝国，工业制成品占世界的三分之一，铁路里程和机动船舶占世界的一半。英国成为世界最强大富裕的国家。

1862年，日本德川幕府组织人员考察中国，许多日本人考察过中国后发现，曾经威服四方的天朝上国不仅与日本一样处于被西方奴役的状态，而且还不如日本富有进取心。中国在他们眼中的形象迅速缩小，同时放大的是对中国的觊觎之心。

日本江户幕府末期思想家吉田松阴的一位学生高杉晋作写道：

> "考虑其如此衰弱的原因，乃在彼不知防夷于海外之道。证据为，彼不能造闯过万里波涛之军舰，不能造防敌数十里外之大炮等，彼国志士所译之《海国图志》等亦均绝版，徒然提倡僻见，因循苟且，空度岁月，不采取对策断然改变太平之心，不制造军舰大炮防敌于敌国之外，故由此而至于衰微也。因此，我日本如不欲蹈其覆辙，宜速造蒸汽船。"

1851 年 5 月，英国在水晶宫举行万国博览会

　　大清的统治者费尽心力也要让社会经济运行于原有的自然经济的轨道上，中国向以市场经济为基础的近代社会转化的机遇一次次丧失，近代化道路看似近在眼前，实际遥不可及。与此同时，官吏的腐败和剥削让农民日益无法忍受，最终酿成了席卷大半个中国的太平天国起义。到了这个时候，满朝文武才想起洋人坚船利炮的犀利。

3. 四海伤心，中原怒目！

1843 年，广东花县一位 29 岁的老童生第四次落榜，连秀才都没有考中。名落孙山的故事在中国千余年科举考试中无数次地上演过，也是大多数读书人都要经历的悲剧。许多人经此打击，要么鼓勇再战，至死方休；要么回乡耕读，或是别操他业。但这位的反应却着实有些与众不同，他沮丧，他愤怒，但并不无奈。他大喊：等我自己来开科取天下士吧！

他向人说起几年前应试后的情形，那时他大病 10 余日，恍惚间得上天堂，见到穿着黑龙袍、金发及腹的天父和天兄耶稣，天父和耶稣称他为天父第二子，封"太平天王大道君王全"，要他斩妖除魔。病后他写了一首诗以明心迹：

手握乾坤杀伐权，斩邪留正解民悬。眼通西北江山外，声振东南日月边。

展爪似嫌云路小，腾身何怕汉程偏？风雷鼓舞三千浪，易象飞龙定在天。

据说上帝为他改名，由洪火秀改为洪秀全，而他的族弟名叫洪仁玕（gǎn）。8 年之后，洪秀全在广西金田起义，随即纵横大江南北，成为清政府 10 余年挥之不去的噩梦，对近代中国产生了深远的影响。

此时，清朝初期的锐气已丧失殆尽，官场中人考虑的是如何讨好上面，不断升迁，以盘剥聚敛更多的财富，腐败到了触目惊心的程度。对于"冰敬"、"炭敬"之类的准行贿行为，人多不以为非，甚至乾隆帝也说"不败露则苟免，既败露则应问，较之婪赃，究为有间"。在这种态度下，许多人大钻空子，贪腐之风越刮越烈。1781 年甘肃王亶（dǎn）望案，涉及全省官员，上下勾连、层层分肥，总计贪污赈济银

洪秀全（1814 年 –1864 年），广东花县人

七八百万两，占清政府年收入的六分之一，数额之大、参与之广、历时之长，世所罕见。

在鸦片战争前，中国可耕田地越来越少而人口越来越多，人口的增长速度使人民生活日益窘迫。18 世纪末，经贵州学政洪亮吉的统计与计算，每人拥有 4 亩田才能维持生活，但到 1833 年，中国人口近 4 亿，人均有田不过 1.86 亩，民生日益艰难。同时，小农经济的中国没有可以吸纳剩余劳动力的工业，解决这一问题只能着眼于传统的开荒拓田。但清政府为维护统治地位和经济利益，禁止人口向东三省和蒙古、台湾迁移，地少人多、贫困滋生的现状使社会日益动荡，清王朝仿佛坐在随时会爆发的火山口之上。马克思认为：在这个国家，缓慢但不断地增加的过剩人口，早已使它的社会条件成为这个民族的大多数人的沉重枷锁。

此外，鸦片战争前，中国物价飞涨，到了"连岁递增，有长无落"的地步。清政府上下进行过深入的讨论，除了普遍认为是人口增长的因素外，没有更深的见解。18 世纪末，英国马嘎尔尼使团副使斯当东指出中国物价上涨的另一个重要原因是因为大量白银从欧洲流入。据后人分析，18 世纪有数亿的外国银元流入中国。

议 罪 银

议罪银制度开始于1780年前后，由和珅提议并掌管，是清朝恶政之一。它几乎是为各省军政大员"量身打造"的。

乾隆有一次处罚河南巡抚何裕城，罚款1万两白银，原因不过是何裕城不小心用香灰弄脏了奏折。何深感不安，再请自罚2万两白银。大多数议罪银的原由都是这类轻微过错。但罚款决不轻微，少则1万，多则数十万，最多高达38.4万两。巡抚一年养廉银不过1.5万两左右，总督不过2万两左右，一次罚款足够让一位封疆大吏喝上几年西北风。

一些官员原本"廉洁自重"，到了高位，"动逾千万"，其中有个人操守的原因，但议罪银也是"逼良为娼"的"恶棍"。

那么，这些巨款流向了哪里？议罪银没进国库，而是进了皇帝的"小金库"，乾隆的一些虚荣之举就从议罪银中开销了。具体办事的和珅也分润不少。一些官员仿佛有了保护伞，甚至先自动缴银，再云办恶事丑行。

一边贪腐风行，乾隆承受着巨大的治贪压力；另一边乾隆直接从封疆大吏身上搜括财富。贪与廉的界限日益模糊，正与邪的分野渐渐混淆。

清代中国社会的经济活动中，银两与铜钱并用。民间和官府多用钱折银来交易，1两银子折钱1000文。面对不断涌入的白银，为维持平衡，清政府大量铸造钱币。其结果是到1814年，一位执掌财政的清官员认为："康熙、雍正以及乾隆之初，民间百物之估，按之于今，大率一益而三，是今之币轻已甚矣。"也就是说，价格水平上涨了300%。

鸦片战争后，涌入的鸦片、外国商品和大量的赔款使整个中国的经济状况日益恶化，每年进来海量鸦片和其他商品，流出去巨额白银，又造成银贵钱贱。对于老百姓来说，这是致命的。虽然，清政府吸取明朝教训，恪守"永不加赋"的祖训，怎奈随着银贵钱贱的日益恶化，老百姓要付出比以前多得多的钱粮才能完成赋税任务。在19世纪40年代，许多农民不得不用以前3年的钱粮来完成1年的赋税量，3倍的负担使许多农民破产、出卖土地。

土地兼并也日益严重。早在18世纪上半叶，桐城派创始人、礼部侍郎方苞在札记中说"约计州县田亩，百姓所自有者不过十之二三，余者绅衿商贾之产"。到鸦片战争后，情况更为严重。比如广西金田村，地主占有土地高达85%以上，地租一般是50%到70%，有的甚至高达80%。

1844年，西江春水初涨的时节，一艘小船一路西去，到达广西浔州时已是初夏。洪秀全与同窗好友冯云山开始了在广西的传教活动。其间，洪秀全回广东致力于学习基督教来完善"拜上帝会"的教义、仪规，曾在广州罗孝全礼拜堂学习4个月。而冯云山则主动留在广西开始组织宣传工作。

冯云山家境殷实，先与洪秀全同学，后同做塾师。他涉猎广泛，儒学、兵学、星相都有研读，但与洪秀全一样，始终没有考中秀才。两人志趣相投，对当时的社会状况深为不满。懂得些相学的冯云山认定洪秀全生具"异相"，有王者的风范，于是极力鼓舞洪秀全起事，后又一路追随洪秀全，不辞辛劳。

冯云山性情坚毅，其组织才能和宣传才能也在洪秀全之上，即使后来洪秀全回广东，他仍坚持深入紫荆山区的平在山烧炭者中。

数年之间，"拜上帝会"在广西紫荆山区的几个县里，迅速发展，参与者日众，影响甚至传播到广东，后来李秀成回忆说："一人传十，以十传百，百传千，千传万，数县之人，——每村或百家，或数十家之中，或有三、五家肯从。……从者俱是农夫之家，寒苦之家，积多结成聚众。"

1851 年 1 月 11 日，正是洪秀全生日，广西金田村竖起了太平旗。不久，洪秀全称天王，建立太平天国。

太平军入湖南，以杨秀清和萧朝贵的名义发布奉天讨胡檄，其中表达了当时民众的一种普遍情绪：凡有水旱，略不怜恤，坐视其饿莩流离，暴露如莽……满洲又纵贪官污吏，布满天下，使剥民脂膏，士女皆哭泣道路……官以贿得，刑以钱免，富儿当权，豪杰绝望……

太平军兵围南京，再发文告说："农工作苦，岁受其殃；商贾通往，关澂其税。四海伤心，中原怒目！"

一时之间，太平天国的黄旗遍布东南各地，东南一隅换了新主人。大清帝国赖以维持生命的江南漕运瘫痪，南北交通被截断，它面临着自定鼎中原以来前所未有的重大挑战。

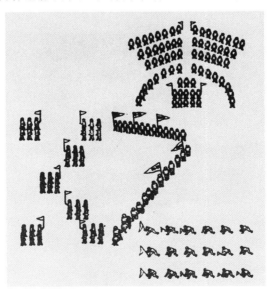

太平军战阵图，其中包含四种战阵，分别为：螃蟹阵、牵线阵、百鸟阵、卧虎阵

4. 苦力王们的城市为什么非宅中图大之业？

1853 年 3 月 18 日，随着一声巨响，南京仪凤门的城墙被地雷轰塌，殿左一检点林凤祥率部先登仪凤门，无数黄旗迅速由缺口涌入城中，清钦差大臣两江总督陆建瀛被杀。3 月 19 日，太平军破内城，斩江宁将军祥厚、副都统霍隆武等，攻占南京。

3 月 29 日，一个阳光灿烂的日子，杨秀清率领各部将士到岸边恭迎洪秀全，在一片欢呼声中，洪秀全第一次进入南京，从此再也没有离开过。

刚听到这个消息，咸丰皇帝震惊莫名。斋戒之后的他来到北京天坛向上天祷告，忏悔招致天帝愤怒的种种罪过，希望天帝帮助他渡过大清最大的危机。南京上空飘起的太平旗已经取代了大清龙旗，太平旗会不会也遮蔽北京的天空？

初入南京，太平天国大有新气象，整顿部伍，严明军纪，

太平军进军南京图

天朝田亩制度

《天朝田亩制度》对于中国农民来说相当具有吸引力，在许多人眼中，所谓"天国"就是《天朝田亩制度》所描述的那个样子："凡分田，照人口，不论男妇，算其家人口多寡，人多则分多，人寡则分寡。"也就是说，分田不问男女，只问人口，并做到好坏相参，力求平等。试图实现"有田同耕，有饭同食，有衣同穿，有钱同使，无处不均匀，无人不饱暖"的理想状态。

太平天国试图从经济上到政治上实现一种社会平等，这一理想既像原始基督教教义所倡导的人间天国，同时也是中国传统所说的大同社会。然而《天朝田亩制度》打造的社会看起来更像一个植根于小农经济基础上的乌托邦。在这个社会中，基层组织以25家为单位，将农业与手工业用准军事化的方式紧密地绑在一起。在这个社会中，不提倡社会分工，没有商人和手工业者。而商人和手工业者却正是由封建社会走入资本主义社会的最强有力的推动者。罗尔纲在《太平天国史》中认为："它将整个社会固定在自给自足的小农自然经济的范围内，使农民仅得维持一般的生活，而对扩大生产有所限制。从以上种种分析，可见天朝田亩制度在实质上又是带有反动性质的。"这也许正是《天朝田亩制度》无法彻底贯行下去的根本原因。因为它是带有一些原始社会特点的绝对平均主义，与当时世界发展的趋势背道而行，在这样的基础上是很难生长出近代化的国家和社会的。

理想与空想，就这么奇异而自然地结合在19世纪中后叶中国农民的梦想天堂中。

规范秩序。不久颁布《天朝田亩制度》，将中国农民几千年来的土地梦以法令的形式予以颁行。在实际的操作过程中，太平天国比较注重维护农民的利益，许多农民开始感受到了变化。

新气象不止如此。

1854年，石达开等人拟《答复英人三十一条并质问五十诰谕》。他们既不像清政府的许多官员那样对欧洲文明抱有一种敌意和误解，而表现出一种大方的交流和温和的善意，所谓"天下之内皆兄弟"，愿意与各国开展正常的贸易；另一方面，他们竭力维护国家利益，不承认不平等条约，对于列强种种侵害主权的行动和意向坚决抵制。他们禁止吸食、贩卖鸦片，东南烟毒一时禁绝。这也是列强支持清政府镇压太平天国的一个重要原因。太平天国还禁止缠足、禁娼、禁赌、禁酗酒。

对于这些现象，各国的观察家们说南京变成了"苦力王们的城市"，李秀成却认为这个称号是"最大的恭维"。民心的向背似乎很清楚了。

1853年6月14日，太平天国西征军正向江西南昌疾进，而天国北伐军在河南归德再次击败清军，歼敌2000余人。北京戒严。在这一天，美国《纽约每日论坛报》发表了一篇文章，文中以热情的笔调写道："中国的连绵不断的起义已延续了10年之久，现在已经汇合成一个强大的革命。"这篇文章的作者是马克思。太平天国开始进入全世界的视野。

然而，万里之外的马克思并不知道此时的太平天国在一派高歌猛进之中有着重重隐忧。

其实端倪早在起兵后不久就已显露出来。在永安城陷于清军重围，前途未定，洪秀全急不可耐地分封杨秀清等五王，似乎要在危亡之际让大家都过一把帝王瘾。这已经不像励精图治的"图大"格局，与"深挖洞、广积粮、缓称王"的传统战略更是相去甚远。

刚进入南京的第二个月，洪秀全就在原来两江总督官衙的基础上，召集万余人力用心营造天王府，但刚建成就失火了。

永安城遗址

太平天国天王玉玺

1854 年初，正是寒气逼人的时节，南京城内却一片热火朝天，土木大兴，再建天王府。周遭 10 余里，围以两丈多高、四尺厚的四面黄墙。府中又分成两部分，外有太阳城，内有金龙城。金龙城内殿阁重重，花草无数，模拟九重天堂。金龙殿内大梁和桩子都用赤金涂饰，并勾画成龙凤之形，四壁刻画了无数龙虎象狮和花草禽鸟，金碧辉煌。

1853 年 5 月 15 日（阴历四月初八），扬州。原本应当挺进中原、一战定乾坤的北伐主力变成了一支偏师。太平军的两位猛将林凤祥、李开芳率领 2 万多人一路北去。他们的背影是孤单的，虽然将勇兵精，但把 2 万多人的部队投入到整个华北实在是太微薄了。

这支孤军最大限度地发挥了自己的能力，牵制了大半个华北乃至蒙古的清朝军队，最后在粮尽援绝中全军覆没。这是洪秀全、杨秀清改变战略布局的第一个直接恶果。此后，为了保卫天京，太平军不得不调集重兵防守。天京到了后期不仅成为"鸡肋"，还成为清军调动牵制天国各部的必救之处。天京成了一个沉重的包袱，直到最后压垮了整个太平天国。

正当北伐军陷于苦战的时候，洪秀全开始在天王府中安享富贵，不仅不再谋划长策，而且多数时间都在天王府内享受地上"天王"的尊荣。部下请求朝见，他的回复是"勤理天事，便是朝见"。从此不早朝的他还做着传于千秋万世的美梦。

在天王府中养有一只鹦鹉，每见幼天王洪天贵福，便高咏："亚父山河，永永崽坐！永永阔阔扶崽坐！"

洪杨大兴土木的行为影响甚广，在戎马倥偬之间，许多高级将领、官员都大兴土木，营建安乐窝，争相攀比。苏州忠王府和嘉兴听王府，历时三四年，直到被清军攻占都没有完工。太平天国诸王的骄奢令他们的对手也不禁感叹道："千村万落尽焦土，宫中尚挂珠灯红。"

这句诗中包含着一个更大的问题，在前方战事方炽，将士以鲜血和生命捍卫新生的政权，人民在战争中饱受流离失所之痛的时候，作为"吊民伐罪"的一方却比要讨伐的对象堕落得更深，也日益与自己所秉持的"平等"理想越来越远，此时失败也就越来越近，所谓的千秋万世不过是一场无痕的春梦。

巍峨天王府已埋下了某种凶兆。

与此同时，天国最凶恶的敌人也已经出现了。

1853年1月13日（1852年阴历十二月初五），武昌城外，太平军壁垒四起，炮声不绝，猛攻不已。而在湖南湘乡荷叶塘，虽然没有震天的杀伐声，但安静中却透着同样的凝重。这一天，荷叶塘一位丁忧在家的二品礼部侍郎接到了一道皇帝的谕旨。谕旨内容很短，但影响深远：

> "前任丁忧侍郎曾国藩，籍隶湘乡，闻其在籍，其于湖南地方人情自必熟悉，着该抚传旨，令其帮同办理本省团练乡民、搜查土匪诸事务，伊必尽力，不负委任。钦此。"

这个表面"端正严肃"的曾国藩并不迂腐，相反，他有着相当高超的政治敏感性和手腕。他对"团练"进行了新的诠释，他要练出一支可以抵挡甚至击败太平军的精兵——湘军。

湘军由两类人构成，即"选士人，领山农"，也就是以书生为官，以农民为卒。部属由各级军官自选，形成"兵为将有"、"层层私属"的局面，战友、官兵之间常常沾亲带故，战阵之上往往相互援救、效死力战。士兵多由偏远山区的朴实农民组成，"油滑"之辈概不录用。曾国藩对军官的要求是"忠义血性"。

湘军的命运

1864年，随着南京天王府燃起的大火，同治皇帝和曾国藩一样，同时松了一口气，又憋了一口气。

数十万太平军固然已经不足为患，但代之而起的是更为精锐的一支部队——湘军，这30万百战余生的虎贲之师，是腐败的八旗和绿营能对付得了的吗？

同治和慈禧心里没底，曾国藩同样心里没底。中国历史到了这里，似乎到了一个岔路口，该怎么走下去呢？

据说就在曾国藩与李秀成谈完话的当晚，突然有湘军各部将领幕僚等30余人不告而集，求见曾国藩。曾国藩感觉诧异，将正称病的曾国荃也请了出来。人们见曾国藩迥异平常，竟无人敢说话。曾国藩端坐良久，突索纸笔，写就一联，拂袖而去，不着一言。

众人这才围上去看，有的叹息，有的呆立，有的点头，有的流泪，曾国荃厉声遣散众人，不许再谈当日之事。曾国藩写下的对联是："倚天照海花无数，流水高山心自知。"

若干天之后，清政府的赏赐到了，曾国藩被封为一等侯，曾国荃被封为一等伯。时局越发微妙，曾国藩开始自剪羽翼，把其弟曾国荃的5万精锐部队先行裁撤。

清政府总算松了一口气。但数年后，曾国藩入京见慈禧，慈禧问的主要问题仍是"撤勇"的事。可见清政府对曾国藩的提防。

在野心与名声中间，曾国藩选择了一世忠臣能吏的名份。至于这一选择的冷暖高低，只有他自己"流水高山心自知"了。

扛洋枪的湘军士兵

5. 悲怆起义歌

1856年5月，天京城南面炮声隆隆，杀声四起，10余万大军鏖战方酣。石达开、秦日纲率部猛攻紫金山等清军营盘，杨秀清出奇兵焚烧清军马队，乘乱破清军20余座营盘，清江南大营崩溃，钦差大臣向荣自缢而亡（一说病死）。千里长江中下游各重镇，一时尽归天国版图。

对于天国领导层来说，似乎澄清江南指日可待，抵定中原亦为时不远，天京城内一片欢声雷动。然而对于洪秀全来说，这场胜利让他欢喜也令他忧。他的不安来自东王杨秀清。早在刚进南京城不久，杨秀清主持的科举考试试题居然是《四海之内有东王》，在杨秀清卫队的驻地门上写有："参拜天父，永为我父；护卫东王，早作人王"，杨秀清的野心毫不避讳地公之于众。几年来，他又以各种理由压制、打击诸王，甚至曾经假借"天父"下凡的名义杖责洪秀全。

7月，东王部下密告洪秀全一个惊天动地的消息——杨秀清欲杀洪夺位。洪秀全一见形势大恶，密诏韦昌辉、石达开、秦日纲诸王杀杨秀清。

天京事变后，原有的对清朝的战略优势不复存在了，战局急转直下，太平天国再也没有彻底改变过防御的劣势。而在太平天国内部，局势仍在继续恶化。

全家死难于天京事变的石达开率部属出走，出于义愤，数十万部队随他离去，弄得"天兵"为之一空。

石达开出走后，迫于压力，洪秀全免除两位兄长的王位，并选出陈玉成、李秀成为统帅，终于在风雨飘摇之中暂时稳定了形势。但洪秀全不仅没有彻底放权给陈、李两人，还不断分散其权柄,故意将其部下提拔到同位,使两人无法有效施行指挥。

1863 年十一月初九，就在天京的最后关头，李秀成建议"让城别让"，另开辟新的战略空间。但是洪秀全却坚决不同意，理由是：朕铁桶江山，尔不扶，有人扶。尔说无兵，朕的天兵多过于水，何惧者乎！

此时城中部队不过万余人，能战者更少，天兵如水云云表明其完全坠入了臆想中的世界。

李秀成深深失望，以自杀相威胁，说："求尔将刀杀我，免我日后死在妖手。为主臣子，未闲片刻。今将国事启奏，主责如斯，愿死在殿前，尽心酬尔！"李秀成只差剖心以明心迹，即使这样也没能让洪秀全回心转意。

1864 年 6 月 1 日，天王府中愁云惨淡，洪秀全病重死去。

不久，天京被湘军攻占，天王府的大火使夜空凄然变色。太平天国为什么会失败？这是一个引发了后世无数学者思考的问题，第一个回答这个问题的人正是李秀成。

1864 年 8 月 7 日，昏暗的牢房中，41 岁的李秀成正在奋笔疾书。一位访客告诉他，他将在当天被处决，而他的反应是"面无蹙容"。傍晚时分，他走向刑场，"谈笑自若"，从容就义。他留下的自述被一些人认为是永远的污点，是背叛的证据。真的如此吗？

李秀成曾为了太平天国的存亡断续，奔走南北战场，一次次将天国从灭亡的边缘拯救回来。他素有"仁慈"之名，攻取苏、常等地后，当地人民执兵刃与他为难，部下建议屠城，他坚决不同意，带少数人深入刀斧之间，苦口婆心，以诚感人，7 天之内"不战自抚"。他率部击毙江南大营统帅张国樑，在尸山血海间遍寻其尸体，找到后厚葬。他的解释是："两国交兵，各扶其主，生与其为敌，死不与其为仇，此是恤英雄之心。"

然而，历史舞台上的他戴着镣铐起舞，泣血忠告一次次被视为胆怯的象征而弃之不顾，他血战得来的一次次奇迹最终都被糜烂的政局、险恶的内乱、昏聩的君主、朝堂的奸佞抵消了，最终至大局不可收拾。

当湘军破城而入的时候，他带幼天王回家拜别母亲，忠孝之间他选择了忠。他把相随多年的白马让给幼天王，并率残部为其断后，血战一昼夜，直到马力不济，掉队被俘。他的部下有一位英国人，感慨地说："这正是忠王勇敢、忠诚、豪爽的性格特点。"

李秀成年幼时家贫，靠自学成才，爱读三国，平生用兵喜用智谋，而为人却学足了赵子龙和关云长的忠义、诸葛亮的鞠躬尽瘁，不管受多少打压，不论多少智略不为洪秀全所用，他都做到不离不弃，即使最后时刻仍图谋在清政府与湘军中制造矛盾，为幼天王赢得喘息之机，甚至不惜背上"投降"、"晚节不保"的骂名。

《李秀成自述》是对太平天国运动的整体回顾，他以一腔悲愤写下了太平天国最后的挽歌："天王失国丧邦，实其自惹而亡！"

太平天国还没能彻底取得成功，就已蜕变成了一个腐朽的封建王朝，直到最后的崩溃，不过 10 余年。

早在太平天国失败的几年前，万里之外的马克思经过一系列的深刻思考后，曾对太平天国寄予热烈期望的他，写下了以下的文字：

> "除了改朝换代以外，他们没有给自己提出任何任务……他们给予民众的惊惶比给予统治者的惊惶还要厉害。他们的全部使命，好像仅仅是用丑恶万状的破坏来对症停滞腐朽，这种破坏没有一点建设工作的苗头。"

徒有一部适应潮流的《资政新篇》，太平天国无法施行，清政府不愿施行，更重要的是没有能够施行的阶层。

但是，正是太平天国起义，使得一部分人终于从"河晏海清"的迷梦中惊醒了。

1859 年，洪仁玕著，洪秀全批示颁布的《资政新篇》

三、自 强

"当一个个屋顶倾塌下来的时候，四面墙垣的烈火也渐渐弥漫，喷了大大的、一团一团的浓烟。我们想，对于这个老大帝国的命运，这是一个表示悲惨的预兆，它内部的基础已为自相残杀的内战销毁摧残……"

"殷红的火焰映在纵火军队的脸孔上，使他们看起来仿佛恶魔一般。虽是毁坏他们所不能恢复的东西，却洋洋得意，觉得很光荣……"

"号称'天子'的宫殿，现在充满了中国最贵重的一切物品的残片。"

这是一位看到火烧圆明园的英国翻译的记述。

1860年，英法联军杀入北京。这是西方世界第二次以鸦片为理由入侵中国。

10月18日，英国公使额尔金下达焚毁圆明园的命令，其理由是"在人们脑海里留下不易泯灭、永远保存的痕迹……圆明园宫殿之为要地，人所共知，毁之所以予中国政府以打击……警醒其迷梦"。这一行动得到了英国首相巴麦尊（第一次鸦片战争时的外交大臣）的同意，他给额尔金的回复是："若然中国皇帝皇城内的宫殿，都受到同一遭遇，我便会更加高兴。"暗示额尔金烧毁紫禁城。

大火红透了北京的天空，5000年的文明结晶、百年的诗化

建筑和中西文明相结合的象征被付之一炬，只给百年后的世界留下了断壁残垣和不绝于书的愤怒。这座万园之园要用150多年的时光和数不尽的人力、物力才能建起来，但毁掉它只需要一把火和一个野蛮的命令。

12月31日，英法两国的强盗们经过香港，一位美国记者写道："这些从北京回来的部队，尤其是法国远征军，无不满载着抢劫到的赃物返回欧洲。……直接从清国皇家仓库内掠夺到的战利品，其中的白貂皮和黑貂皮大衣，以及那些用黄金镶边的长袍令人惊叹。这类东西的数量之多，即使把它们装饰在纽约全城妇女美丽的肩膀上，也用不完。"

第二年，法国政府搞了一个"远征中国"展，圆明园的文物成为强盗炫耀暴力和野蛮的战利品。为了寻回、赎回这些被夺走的珍宝，中国人已经再次花了百余年的时光，连1%都没有找回来。法国的良心——雨果曾经沉痛地说："有一天，两个强盗闯进了圆明园……一个叫法兰西，另一个叫英吉利。"

这一年，外有列强入据京师，内有太平军撼动根基，清政府中的一批人感到危机重重，"振作"与"自强"的音符日益响亮，并在此后三四十年间成为中国为实现近代化的第一次努力。他们能实现自强的梦想吗？

1. 天行健，君子以自强不息。

1861 年 9 月的一天，胡林翼赶赴安庆与曾国藩会面。在返程时，胡林翼在高处俯瞰长江水，见湘军水师风帆四起，军威雄壮，不禁豪气顿生，踌躇满志。突然，广阔的长江水面上一艘外国轮船逆流而上，速度奇快，远胜中式舰船。胡林翼脸色大变，口吐鲜血。

9 月 30 日，胡林翼不治而亡。他深刻地感觉到了中西方的巨大差距，虽然这种认识还流于表面，但已经使他感到束手无策的绝望。攻克安庆又怎样？打败太平军又如何？圆明园还不是被英法联军的大火毁掉？

安庆一破，太平军屏障已失，已不足为患。胡林翼耿耿于怀的是西方列强的侵略和中华民族的前途，他的想法代表了一批晚清政坛实力派，内忧外患的时局如一把拔鞘而出的利刃，迫使他们从扑面的刺痛中清醒过来，从传统政治的格局和寻章摘句的生活中走出来，面对残酷而严峻的现实。19 世纪下半叶，神州大地满目凄凉：太平天国鏖战东南，捻军纵横于淮北和中

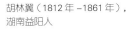
胡林翼（1812 年－1861 年），
湖南益阳人

原大地，西北、西南民变不断，焦头烂额的清政府借助西方各国的力量镇压，也因此签订了更多的不平等条约，令中国丧失了更多的主权。内乱频仍进一步引起沙俄、英法等国的觊觎之心，大西北、大西南危在旦夕；列强纷纷伸手攫取利益，仅俄国就乘机夺走中国领土达100多万平方公里。

1863年，左宗棠行军至浙江的时候见到了令他难以置信的场景："此间向湖州一路，山径崎岖，人民死亡殆尽，运粮极难，寇不能来，我亦不能往也。浙中光景已是草昧以前世界。"中国东南沿海受到了空前的重创。14年间，全国人口减少了四分之一，也就是说这场大战让上亿的中国人死去，这是一个令人感到恐惧的数字。山河在厮杀中已经凄然变色，红得发黑的血液让每一寸土地都发出骨折般的呻吟，遍地的尸骨填满荒芜的大地。满目凄凉地曾经都是神州大地最繁华、精华的地区。

大战过后是大荒，200年不遇的丁丑奇荒，北方受灾人口达2亿，死亡人数1300万，到了人相食的地步。人民在饥饿困苦中煎熬，已危及整个民族的生死存亡。

中国像一个无法止血的伤员，只能看着生命力随着血液流走。自1865年至1886年，中国每年要为正式进口的鸦片支付高达3000万两左右的白银，相当于每年全国财政收入的三分之一还多。而历年对外赔款，不计利息就高达7亿多两白银，约等于1911年全国厂矿全部资产的7倍。中国人民的血汗成为欧美各国发展的垫脚石，中国被压榨得骨瘦如柴。

历史的扑朔迷离是需要时间的长河来厘清的。这些问题的严重性还很难被当时的人们完全看清。在那个时代，统治阶层更关注的是太平军和列强的军事存在，太平军已使东南半壁不复掌握，英法两国能够轻取京畿重地，任何一方都能颠覆清政府的统治，老大帝国被太平军的战刀和列强的炮火压得喘不过气来。是先攘外还是先安内？用什么来攘外安内？

尘埃落定是在1860年和1861年。那两年是多事之秋，

清咸丰帝奕詝（zhǔ）
（1831年–1861年）

许多大事件交织在一起，清政府被动地确定了挽救时局、挽救统治的方略。

1860年，时局没有给清政府再留下多少辗转腾挪的空间。

9月22日，英法联军兵临城下，咸丰皇帝匆忙北上"谒陵"。留下来与"夷人"周旋的是恭亲王奕訢和一封谕旨：

> "俟该夷酋进城，即行前往画押换约，保全大局，毋再耽延，致生枝节。此时天气尚未严寒，该夷如能早退，朕即可回銮以定人心。"

也就是说，皇帝希望奕訢赶快在英法两国提出的条约上签字，好让自己早点回北京，以免动摇根本。至于要付出些什么代价，已经不重要了。因此，战败者不惜工本急于求和只能收获一个远比《南京条约》更苛刻的《北京条约》。

执行这项艰难使命的亲王也就是后来在官场和民间都颇有些声望的"鬼子六"，这个称呼极言其狡诈多智，但当时他不过27岁，对外交事务的陌生、对英法军队的畏惧以及当时险恶的局势，使他的小聪明根本发挥不了作用，他对当时

英法联军在北京城的营地

的局势进行过一段颇为有名的分析：

> "大沽未败以前，其时可剿而亦可抚；大沽既败而后，其时能抚而不能剿。至夷兵入城，战守一无足恃，则剿亦害抚亦害。……权宜办理。"

所谓权宜办理，就是以出让主权为代价，使英法退出北京，暂时止息外患。

既然外战不堪一击，内战尚可支撑，许多清政府官员自然认为应当先安内而后攘外，也就是奕䜣所说的："就今日之势论之，发捻交乘，心腹之害也，俄国……肘腋之忧了。英国……肢体之患也。故灭发捻为先，治俄次之，治英又次之。"这成为当时清政府应付时局的基本战略，而这一战略一直执行到 19 世纪末。

10 月 13 日，英法两国国旗悬挂在安定门上。

10 月 20 日，火烧圆明园的第三天，奕䜣代表清政府与英法两国签订《北京条约》。

恭亲王奕䜣（1832 年–1898 年），清道光帝第六子

圆明园海晏堂复原图

圆 明 园

真实的圆明园占地5200亩，建筑面积16万平方米，无数的花草、建筑、雕像、异兽散布其间……现在它只剩下一片断壁残垣和人们无尽的想象，如果想要再见圆明园，那只能从故纸堆中去寻找，让我们看看一位从未见过圆明园的伟大心灵梦中的圆明园吧：

请您用大理石、汉白玉、青铜和瓷器

建造一个梦

用雪松做屋架

披上绸缎

缀满宝石……

这儿盖神殿

那儿盖后宫

放上神像

放上异兽

饰以琉璃

饰以黄金

施以脂粉

……

维克多·雨果 [Victor·Hugo]
(1802年~1885年)，法国作家

请诗人出身的建筑师

建造一千零一夜的一千零一个梦

添上一座座花园、一方方水池、一眼眼喷泉……

请您想象一个人类幻想中的仙境

其貌是宫殿，是神庙……

——雨 果

但是，不管是安内还是攘外，都必须以自身的强健为基础，中国终于响起了一个早就应该响起的声音：自强。中国古代典籍中说："天行健，君子以自强不息。"

咸丰皇帝逃出北京城后，一头扎进了承德避暑山庄，再没有离开过。

避暑山庄只是一个婉转的说法，它最大的功能之一是为木兰围场服务，也就是为每年秋天举行的大规模"围猎"服务，通过围猎训练部队、演习军事，康熙希望借此保持八旗子弟的尚武精神和进取心。

事实证明，康熙的担心是有道理的。"八旗雄风"到了咸丰年间早已被雨打风吹去，变成只知守着"铁杆庄稼"、不识战阵的无能之辈，与"八旗子弟"相搭配的伙伴已经从"铁骑"这类雄风凛凛的词，变成了"纨绔"这类让人鄙夷的词。木兰围场已经许久没有看到驰骋呼啸的骑士和漫天的箭矢了，直到咸丰皇帝被英法联军逼进了这里。不知道当他看到山庄里历代先祖留下的遗迹会有怎样的感受？特别是康熙笔墨间纵横的自信与雄风、乾隆记录十全武功的碑文中淋漓的得意与自豪，应该会使他感到惭愧和压力吧？

12 月 24 日，就在圆明园被焚 66 天之后，胡林翼死前 10 个月，体弱多病的咸丰皇帝发布了同样弱不禁风的大清帝国向西方学习先进技术的第一个"上谕"。

10 多天后，也就是 1861 年 1 月 11 日，奕䜣、桂良、文祥等在北京与"洋鬼子"周旋的文武官员上了一道折子——《通筹夷务全局折》，其中第一条就是"京师设立总理各国事务衙门以专责成"。

9 天之后，咸丰皇帝批准成立"总理各国事务衙门"。任命奕䜣为首席总理大臣，和大学士桂良、户部左侍郎文祥等人负责该部事务。由此，总理衙门成为自强运动，也就是后人所说的"洋务运动"的领导机关，而奕䜣成为洋务派在清政府中央的代表，也成为晚清政坛上炙手可热的人物。正如左宗棠所说：

"洋务关键，在南北洋通商大臣，而总理衙门揽其全局。"

这就是今天我们所说的洋务运动的开始，帝国中枢提出了"自强"的办法，奕䜣说："查治国之道，在乎自强，而审时度势，则自强以练兵为要，练兵又以制造为先。"

值得注意的是，"自强"的愿望不仅出现在清政府的中枢，也出现在各地封疆大吏的吁请中。此时距离第一次鸦片战争结束和魏源完成《海国图志》已经过去了近20年，"师夷长技以制夷"终于开始为人们所接受。不过，给他们最直观的教训，或者说他们最好的老师恰恰是老对手——太平军。

1853年，清政府发现太平军向洋行购买洋枪洋炮，这使得清政府大为紧张。到了后来，太平军各部几乎都有洋枪洋炮。左宗棠说："从前贼匪打仗，并无外国枪械。数年以来，无一支贼匪不有洋枪洋火。"那么洋枪洋炮的威力如何呢？

1862年，李秀成率部解围天京，枪械精良，"洋枪洋炮子密如雨，兼有开花炸炮打入营中"，使湘军各部"惊心动魄"。

战争是最好的教员，即使像曾国藩这样原本怕使用洋枪洋炮会"以夷变夏"的人，也不得不承认胜利"实赖洋炮之力"。

面对沙场决胜、将士浴血，只好四处采购军火送上前线。

1862 年 4 月 8 日，原本对军械不太注意的李鸿章率淮军到达上海。20 天后，他的观念发生了巨大的变化，他亲眼见到了洋枪队进攻时制造的巨响、蔽日的硝烟、城墙上炸开的大洞。不久，李鸿章致信曾国藩，兴奋地说：

"其落地开花炸弹，真神技也！"

"其大炮之精纯，子药之细巧，器械之鲜明，队伍之雄整，实非中国所能及。"

李鸿章没有曾国藩那么多疑虑，下令多置军火，密令部属跟在洋枪队后面参观见学，"学其临敌之整齐静肃，枪炮之施放准则，亦得切磋观感之益"。

淮军很快就成为当时中国军队中火器最多的部队，1865 年，5 万淮军竟拥有三四万支洋枪。虽然作战方式仍没有跳出陈旧的观念，但李鸿章已逐渐成为洋务运动的主要倡导者和推行者之一。更多的人都是从战争中领略到了"自强"的意义。

从 1861 年开始，清政府的中央和地方不约而同出现了一股自强的潮流。虽然，最初的目的是消灭太平天国，但随着太平天国的失败，学习列强以自强、对抗列强以自保就逐渐成为题中应有之义。

1861 年，中国政坛波谲云诡，除了洋务运动这个新鲜事物悄然登场外，还连续发生了三件大事，让人们眼花缭乱。

8 月 22 日，咸丰帝病逝。

9 月 5 日，湘军将领曾国荃包围安庆，安庆陷落。太平天国危机凸现，这是一个很重要的转折点。

11 月 2 日，辛酉政变。咸丰死了不到 3 个月，他任命的托孤大臣便被自己的皇后和弟弟除掉了。一个 27 岁的年轻女人走上了中国政坛，这个精于政治斗争、却无治世之才的女人，将执掌朝政达 40 余年，直到大局崩颓。她令朝中满汉大员战战兢兢，也让中国为她的种种愚行付出沉重的代价。晚清官场多以"老佛爷"称呼她，但在历史上人们更多地称她为慈禧。

慈禧的军机统领四大员

自19世纪60年代以来，晚清政局除了一以贯之的慈禧之外，入值中枢的军机统领堪称中国最有权势的人，在半个世纪的时光中，先后统领百官的主要有4位，他们是恭亲王奕䜣、礼亲王世铎、荣禄和庆亲王奕劻。有人用"权位势利"四字对应他们从政的特点，可称恰当：

"谓恭王初议政，可称有权，迨罢后复起，及礼亲王入值，仅保位而已。荣禄善于迎势，而不能阻拳乱，足见其难。至庆王唯知为利，愈趋愈下，更无论矣。"

奕䜣虽然被曾国藩称为"极聪明而晃荡不能立"，但他能推进洋务运动，还算有所作为；世铎入军机，也就是能处理日常事务而已；荣禄善于秉持上意（慈禧），却没有处理危机的才干和本事；到了奕劻，根本不把朝政放在心上，所谋只有利益罢了。所谓麻绳换草绳，一代不如一代。

其实此时中国并非没有人才，张之洞堪称干才，至于严复、郑观应等人早就从所谓盛世之中看出了危机，也有因应之道，但没有一个脱颖而出的环境，却让奕劻之流把持朝政，足见其整个选拔人才的机制已经渐渐失效。

还有另一个原因。越是危机时刻，慈禧就越不敢放权于汉人，宁可重用无才无德之辈，于是4位军机统领都是满人。

慈禧（1835年－1908年），叶赫那拉氏，满洲镶蓝旗人

2. 譬犹使马，
人跨骏而我骑驴，可乎！

1863 年 12 月 20 日，安庆附近的长江江面上，寒气逼人，一艘很小的木壳小火轮推波逐浪。船头上赫然坐着一位清廷大员，在他严肃的面孔上难掩兴奋和好奇。他就是两江总督、钦差大臣，督办江南军务的曾国藩，他坐的小火轮是中国第一艘自行制造的蒸汽轮船。

在当天的日记中，他写道："船长约二丈八九尺，因坐至江中，行八九里，计约一个时辰可行二十五六里。试造此船，将依次放大，续造多只。"

这段看似平淡的笔触中隐藏着一个鸿鹄高飞的梦想，所谓"依次放大，续造多只"意味着这只小火轮不过是一支宏大舰队的雏形和试验品，对于洋务运动乃至中国工业化进程来说这是一个阶段性的成果。

两年前，也就是湘军刚刚攻占安庆不久，硝烟还未散尽，曾国藩就急不可待地成立了安庆内军械所，内设火药局、火药库、造船局三部分。他在日记中说："欲制洋人，……欲求自强之道，……以学作炸炮，学造轮舟等具，为下手功夫。但使彼之所长，我皆有之。顺则报德，有其具；逆则报怨，亦有其具。"

要想"有其具"，先得有其人。曾国藩大力访求人才，一时之间，在设备简陋、条件草创的军械所聚集了一群当时中国少有的科技人才，如精通化学、电学的徐寿父子，数学家、天文学家李善兰，数学家华蘅芳，制造炸炮的黄冕、龚芸棠等。

徐寿和华蘅芳联手用一年时间制成了中国第一台蒸汽机，与当时世界上相当先进的"往复式蒸汽机"类似，"火愈大则气愈盛，机之进退如飞，轮行亦如飞"。曾国藩高兴地写道："窃喜洋人之智巧我中国人亦能为之，彼不能做我以其所不知矣！"

1868年8月，一艘战舰在黄浦江中劈波斩浪，它长达18丈，每小时行驶37里，配炮9门，一时轰动上海滩。曾国藩试航后的评价是："尚属坚致灵便，可以涉历重洋。"他满怀信心地向清政府报告说："将来渐推渐精，即20余丈之大舰，可伸可缩之烟筒，可高可低之轮轴，或亦可苦思而得之。……中国自强之道，或基于此。"

曾国藩为这艘战舰取名"恬吉"，取"四海波恬，厂务安吉"之意。虽然制造这艘战舰的江南制造局此后多灾多难，中国的海疆不仅长期难以安宁，而且外国战舰如入无人之境，但这个名字显示了中国人已经开始编织远航异域、征服大海的梦想。

历史与现实的碰撞经常激起人们对于"沧海桑田"的感叹，在福建马江北岸中岐乡的一个小镇尤其会带给人们这种感觉，这里离江很近，两岸形势险要，距海只有50里，实为天然良港。2006年，小镇上的一个造船企业迎来了自己140岁的生日。

在工人们的敲敲打打中，又一艘新船将飘洋过海。对于今天中国这个世界第三大造船大国来说，马尾造船厂只是行业中一家十分普通的企业，但造船远航无疑是它的开创者和几代中国人曾梦寐以求的。

近代科学家徐寿、李善兰、华蘅芳在江南制造总局翻译处

140 年前，马尾造船厂的建立是一件关乎国家命运前途的大事。

1866 年 8 月 19 日，大清帝国闽浙总督左宗棠从福州城出发勘查地形。在马尾，他看到了一个天然良港，他将在这里建设第一个也是当时中国最大的近代船舶修造厂。

左宗棠认识到那是一个炮舰政治横行的时代，说："泰西诸邦均以机器轮船横行海上，英、法、俄、德又各以船炮互相矜耀，日竞其鲸吞蚕食之谋。乘虚蹈瑕，无所不至。"

此时的世界诸国纷纷争夺势力范围，强国们每天筹划着从亚非等落后国家攫取"阳光下的地盘"，彼此之间的竞争愈演愈烈，到了"无所不至"的程度。其结果就是数十年后的第一次世界大战。与中国隔海相望的日本，也已开始悄悄地学习欧洲技术优势乃至社会制度。

而中国的情势却是"水师直同虚设，船炮全无"，而且，列强凭借其先进的运输手段及各类工业品对中国脆弱的小农经济造成了巨大冲击，结果将是左宗棠所说"彼此同以大海为利，彼有所挟，我独无之。譬犹渡河，人操舟而我结筏，譬犹使马，

福州船政局旧址

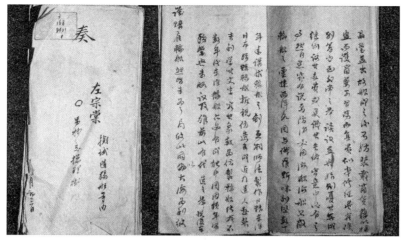

开办福州船政局的奏折

人跨骏而我骑驴，可乎！"也就是说，制船技术已不仅是军事安全的问题，还涉及到经济发展和人民生活。如果再不学习制船之技术，那么欧洲各国将继续骑着骏马奔驰，一日千里，把中国远远抛在后面；中国却仍懵懂地骑着小毛驴蹒跚踱步。

他希望中国人掌握制船的核心技术，哪怕再艰难，哪怕多花点钱也值得，正所谓"虽难有所不避，虽费有所不辞"。因为掌握了这些技术，还可以发展出其他各项技术，这是一个可以生生不息的大好事。他说："借不如雇，雇不如买，买不如自造。"

虽然左宗棠不久就改任陕甘总督，但他在马尾的想法没有落空，他的继任者叫沈葆桢，是林则徐的女婿。沈葆桢会同一些有志之士以"一腔血诚，不避嫌怨，视公事如家事"，于七八年间，使马尾诞生了当时中国规模最大的近代船舶修造厂。

严格来说，这个工厂不是一般的工厂，它更像一所学校。工厂附设艺局，聘请西洋技师，派中国工匠、学员学习西洋语言文字、标法画法等，为中国培养造船、驾驶人才。

福州船政局先后造出了 40 艘近代舰船，装备了福建水师的全部，北洋水师的五分之二、南洋水师的三分之一。其中为南洋海军建造的 3 艘 2400 匹马力、排水量 2400 吨的巡海

1869 年福州船政局"万年青"号战舰建造场景

快船，是当时中国自己修造的最大军舰。

当然，更重要的是"人"。在机器开始轰鸣之际，琅琅的读书声也响起了。

1867 年 1 月 6 日，数十名少年走进福州船政学堂，他们将成为中国第一批近代化意义上的海军指挥官。

舰船易造，人才难求。左宗棠、沈葆桢想要培养出一批能够驾驶近代舰船巡守万里海疆的人才。收获应该能使他们欣慰，有两位日后名扬天下的人物从这里走进了中国近代史。一位叫邓世昌，而另一位叫严宗光，也就是后来的严复。

1888 年，清政府设立海军，除海军提督这一职务外，7 个总兵、副将中的 6 位都出身于福州船政学堂，邓世昌、刘步蟾、林永升都在 1894 年以其悲壮慷慨的风范为船政学堂写下了厚重的一笔。

中国最早的一批工业诞生于 19 世纪下半叶：

1865 年，曾国藩支持李鸿章创办江南制造总局；

同年，李鸿章建金陵机器制造局；

1866 年，左宗棠创办福州船政局；

1890 年，张之洞创办湖北枪炮厂。

在 19 世纪下半叶中国的自卫战争中，主要枪械和弹药大多由以上的军工厂制造。甚至到了20世纪上半叶，在抵御外侮的历次作战中，还经常能看到这些工厂出产的枪械。

随着军事企业的发展，民用企业也开始出现。在长江中下游和东南沿海地区，终于响起了轰鸣的机械声，高高的电线杆冒出了地平线，地底的煤炭开始逐渐得到开发，用蒸汽机作动力的火轮出现在大江大河乃至沿海各地。由此，逐渐形成了煤铁矿务的开采与冶炼、纺织工业、电线电报、轮船航运等四大洋务民用工业企业。

不过，洋务运动的成就正像它的缺陷一样突出。

江南制造总局外景

1872年，李鸿章在上海创办轮船招商局，经营内河及远洋航运业务。图为上海总办事处

大沽造舣所

早期的纺织厂

兰州机器织呢局机房

汉阳铁厂

　　此时的中国已沦为欧美工业产品倾销地。从 1871 年到 1893 年间，每年输入的外国棉布价值高达三四千万元，仅次于鸦片。对于这样简单而利润高的轻工业，本来是富国裕民的重要基础，但洋务运动领导者们没有引起重视，拱手让与列强。

到 1894 年为止，全国工业、采矿和交通运输业的资产总值 6749 万元，其中官方资产占到 70％，而在官办企业中，轻工业只占官办企业总资产的 10.3％。

更糟糕的是官办企业与市场脱节，失去了自我发展的活力，再加上管理阶层把种种官僚习气带入企业，不懂现代企业管理而又贪污成风的官僚集团使这些企业效率低下，成果不多。又

独家访谈

龚书铎 北京师范大学历史学院教授

● **洋务运动产生的直接原因**

洋务运动产生的直接原因包括对内镇压农民起义、对外抵御侵略这两方面。洋务运动开始的时候，南方的太平天国、北方的捻军还没被镇压下去，英法联军第二次鸦片战争刚结束。在这种背景下，奕䜣当时上的奏折里就说，太平天国和捻军叫"发捻"，就是长毛发捻，是心腹之患，俄国叫做肘腋之忧，就在腋窝这里，离心窝子远

一点，英国叫肢体之患，就是四肢，更差一点了。

奕䜣提出，灭"发捻"为先，沙俄次之，英国又次之。怎么消灭太平军和捻军呢，就是要购买洋枪洋炮，自己制造洋枪洋炮，就要练兵来解决这个问题。当时洋务运动的起因一个是对内，一个是对外，这两方面都存在。

洋务运动里面，军用工业是官办的，民用工业主要的形式是官督商办，当时在

中国，没有官方是办不成事的，尤其是最初的时候，民间不能随便搞机器工业。官督商办弊病很大，因为清政府那些官员们本来技术常识就少，也不懂得管理，加上清政府当时已经是很腐败了，就把企业变成衙门来管理了。这样就妨碍了企业的发展，加上贪污腐败等等，所以洋务运动期间好些企业办得并不好，把企业官场化了，衙门化了。

Natascha Gentz 费南山
英国爱丁堡大学汉学系主任 苏格兰汉学中心教授

● **洋务运动**

中国在鸦片战争以后刚开始和西方列强打交道的时候，情况是很复杂的。人们要记住的一点就是，西方帝国主义者来中国时并不是一个整体。他们中包含着不同

的群体。有些是官员，有些是商人，还有的是文化人。不同群体追求着各自的利益，所以情况就变得复杂。当时进步的官员和外国的传教士和英国驻华官员共事，洋务运动就是这种形势下的

产物。由于不同群体采取的方法不同，所以关于中国现代化道路的思想和主张也有所不同。但是我们可以发现他们对于所谓的现代化做了尝试，而不是单纯地效仿西方。

李鸿章（1823年–1901年），
安徽合肥人

没有相应的新式文官制度和审计监督制度，于是个人发财，国事衰败。这些新式企业生产的炮弹因为偷工减料，有的甚至干脆没装火药，这些恶果在甲午战争时使中国军队吃尽苦头。

洋务运动的领导者们，如曾国藩、李鸿章等人局限于自己所处的位置，他们不敢也不可能进行政治、经济、文化、教育的全面革新，他们虽然带领中国向近代化蹒跚前进了好几步，但在那个时代，少数几个人，即使手握重权，也只能为腐朽的天地带来一缕清风而已。

官办企业暴露出来的决不仅是技术层面的问题，而是洋务运动领袖们在思想上的不足，他们的原则是"中学为体、西学为用"，意思是用西学来维护封建制度。所谓西学主要是三个方面：造船、造炮、养兵练兵之法，没有涉及到制度层面。曾国藩、李鸿章等人一再声称："中国文武制度，事事远出于西人之上，独火器不能及。"

1876年，李鸿章接见日本驻华公使森有礼，李鸿章对日本改穿洋装的举措很不以为然，一面讥嘲日本失去根本，一面自诩中国绝不变换衣冠。不料森有礼直言不讳的一顿揶揄打得李中堂方寸大乱：谁能保证不变衣冠？贵国人士400年前也不穿阁下这样的服装吧？清兵入关时，强迫汉人改变服装发型，贵国人士最初不也反感吗？

当"西学"与传统"中学"发生矛盾的时候，要罢"西学"以维护"中学"。这样一来，洋务运动的发展空间就显得非常有限。

洋务运动的领导们并不是完全不知道资本主义制度的优势，曾任军机大臣的文祥认为议会制度"事事必合乎民情而后决然行之"，是个好制度，但"中国天泽分严，外国上议院、下议院之设，势有难行，而义可采取。"

Tu Weiming　杜维明
美国哈佛大学哈佛燕京学社教授

● **洋务派官员的处境**

我想当时中国洋务派官员碰到最大的困难就是上面支持的力度不够，因此他们要寻找各种不同的途径来进行现代化的基础建设。在进行过程中他们碰到了很多非常大的困难:第一，对西方的理解还相当的片面，和西方的接触也是刚刚开始；第二，明治维新以后日本崛起非常快，对中国形成了威胁；第三，一系列不平等条约开始影响中国整个局势。所以他们很难发挥大的影响，不过曾国藩等人做的工作其实是非常难得的，以今天来看，有很多非常有创建性的思路，比如他敢把学童送到美国受教育，这种气魄在当时非常不易。即使在日本当时也没做这样的工作。

马　敏　华中师范大学校长

● **"中学为体，西学为用"的含义**

"中学为体、西学为用"，它的基本含义就是说:中学是中国文化的本，或者是它的体，这个东西是不能变的，它是指三纲五常这样的儒家的道统，这个道统不能变；西学为用，是指西方的科学技术，可以借鉴，可以用它来补充中国的文化，但是不能把西方的一些更本质的民主政治体制借过来。

"中学为体、西学为用"主要就是指这样一种文化观。这个文化观当时成为洋务运动的指导思想，在当时的条件下，它还是起过一定进步的作用，主要是打破了封建的束缚，引进西方的科学技术。但是从根本上讲，它还是一种保守主义的文化模式，有很大的局限性，受到像当时的维新思想家严复等人的很尖锐的批评，他们认为中学有中学的体用，西学有西学的体用，中体西用就是牛蹄马用，是荒谬的，也是不能够真正实现的。

"势有难行"是对现实的无奈，"义可采取"是对未来的期望。洋务运动的成败不仅取决于自身所能达到的思想高度，更在于整个社会对它的需要程度。

3. 属而和者几人，只能向深山穷谷中一唱三叹焉耳！

1862年6月的北京政坛开始了一场争论，其缘由是一个新鲜事物——同文馆。设立同文馆的目的是培养一些擅长外语的人才，5年后同文馆打算从已经拥有功名的人员中培养天文、算学人才，以补充严重匮乏的人才。洋务运动的领袖们已经认识到，仅凭四书五经难为强国之策。

但是他们没有料到小小的同文馆竟然在中国政坛掀起了轩然大波，大批官员将同文馆视为势不两立的异类。一时之间，中国士大夫们都以进同文馆为耻。大学士倭仁上书抗议："立国之道，尚礼仪不尚权谋，根本之图，在人心不在技艺。"

御史张盛藻说："朝廷命官，必用科甲正途者，为其读孔孟之书，学尧舜之道，明体达用，规模宏远也。何必令其习为机巧，专明制造轮船洋枪之理乎？"

甚至出使过英法各国的刘锡鸿竟也说："御英夷之不恃乎船械。"

北京同文馆

直隶高等工业学堂　　　　　　　　　　　　　　清朝武状元画像

在这个变革年代，洋务运动的倡导者们不但没有成为引领潮流的弄潮儿，反而成了被传统士大夫围剿的对象，很多人坚决反对新式学校，也反对中国人学习西方科学技术。有人直接撰联讥嘲恭亲王奕䜣等军机大臣：

诡计本多端，使小朝廷设同文之馆；

军机无远略，诱佳子弟拜异类为师。

甚至有人痛骂洋务运动倡导者："必皆无耻之人。"

恭亲王奕䜣等人反驳说："天下之耻，莫耻于不若人。"他们认为：像日本这样的小国，还知道发奋学习，而中国因循守旧，不思振作，不以不如人为耻，却以学人为耻，安于不如人的现状而始终不学习，怎能洗刷耻辱！批驳虽然有力，但仍然没有成为多数人的共识，即使以朝廷的名义相号召。

在守旧派强大舆论干预下，报考天文、算学的人中，科举出身的寥寥无几。奕䜣等人不得不放宽投考者的条件，以扩大生源。结果考生质量低劣，"其中尚堪造就者不过数人"。

对于修建铁路、架设电线，更是举国一片反对声。

于是，在欧美各国进入以电气化为主的第二次工业革命的时候，绝大多数中国青年仍在四书五经中寻求人生的价值，在中国人已对坚船利炮有深刻认识的时代，武举考试的内容竟然还是弓马骑射。

1875 年 7 月 6 日的《纽约时报》直接指出："把人的知识来源限定在这些古代经典大师们的身上，是大清国教育制度最大的弊端……把教育模式限制在如此狭窄的道路上，致使人的心智就像清国妇女的小脚一样被挤压而萎缩。"

对于中国人，美国人的评价是："他并非弱智，也不乏理性，但就是没有创造性。在人类智力发展的进程中，他们是世界上最教条、最刻板的人……很难脱出既有的条条框框、缺乏进取心，厌恶一切创新和改革。"

这些话很不中听，但那个时代的中国一再验证了外人的看法。

洋务运动期间，中国自主修建了第一条铁路，起自河北唐山，止于胥各庄，名为唐胥铁路。1881 年建成后，清政府却认为火车震动了东陵的先王神灵，因而禁止使用机车，只准以骡马拽引车辆，人称"马车铁路"。

而邻国日本，1872 年由英国人建成第一条铁路，明治天皇亲自参加了通车典礼，国人纷纷前来，在月台上脱去鞋子，小心翼翼地登车参观庆贺。7 年后，日本已经开始自己设计和修建铁路。

洋务运动在阻力重重的背景下，每前进一步，都非常艰难。

1876 年，中国的第一位驻外公使走马上任，然而这并不是一次荣耀之旅，不仅没有鲜花和送行的人群，而且背着"卖国贼"的名声上路，他叫郭嵩焘。他是何许人呢？

中国第一条铁路——唐胥铁路

李鸿章视察唐胥铁路

郭嵩焘是曾国藩的好友，也是湘军中的元老级人物，官至广东巡抚。第一次鸦片战争时，他在浙江为抗战效力；第二次鸦片战争，他帮助僧格林沁办理防务，两人虽不和，但在战局一触即发之时，郭嵩焘依然驰至，堪称"见利不趋，见难不避"。

郭嵩焘主张发展私营企业，与洋人在商场角逐，他认为这比发展军事力量更重要，他说："使商民皆得置造火轮船以分洋人之利，能与洋人分利，即能与争胜无疑。"左宗棠在10年后才认识到官办企业的问题："官办之弊，防不胜防，又不若包商开办，耗费少而获利多也。"

郭嵩焘认为民富才能税多，国家才能真正富强。他希望国人能够放弃对"言利"的鄙夷态度，积极创造财富，这样才能建立一个强大的中国。

郭嵩焘主张培养专门的外交人才，考察国际形势，正确认识列强和中国的强弱，他痛苦地承认欧洲各国在"政教风俗"上已经远超中国，列强看中国就像中国古代看待"夷狄"一样。

不过，他被视为"卖国贼"并遭到唾骂的原因还不是宣扬这些思想，而是同意担任驻外公使。消息刚一传出，故乡的秀才们竟打算捣毁他的住宅，他的朋友也为他惋惜，当时有一副专门骂他的对联写道：

> 其乎其类，拔乎其萃，不见容尧舜之世；
> 未能事人，焉能事鬼，何必去父母之邦。

中国的第一位驻外公使就这样背负着心灵的包袱和身后的骂名走马上任。郭嵩焘竭力在狭窄的外交领域里为中国拓展生存空间，他试图学习并依照国际法和外交惯例开展外交活动，他艰难地为中国外交打下了一个基础。

但是，郭嵩焘在外交领域越成功就越引起国内的非议，清政府甚至还派了一个副使来监视他。他按规定呈送日记《使西纪程》，其中有客观分析西方长处的字句，顿时被朝野上下大骂，说"嵩焘之为此言，诚不知是何肺肝"。清政府直接下令将已刻行的《使西纪程》立即销版。

副使弹劾他的十大罪更是荒唐得令人难以置信，什么看到巴西国王擅自起立，什么穿着洋装参观炮台，离谱的是参加音乐会看节目单也成了不可原谅的大罪。

更离谱的是清政府竟真的因此对郭嵩焘查办治罪，最后靠李鸿章上下活动，才以"七万里之行，似尚慷慨"的理由勉强过关，将他打发回家，接替他的人是曾纪泽（曾国藩长子）。但是归隐的郭嵩焘仍然没有摆脱掉种种骂名，死后清政府没有按规定赐谥，也不准国史馆立传。

对于郭嵩焘的遭遇，曾纪泽非常同情，他曾一再为郭嵩焘辩解，说郭是拼着名声为国家办事，希望慈禧予以保全。慈禧表示了谅解，但谅解的方式是将郭嵩焘投闲置散，最后又夺走了他作为一个士大夫的死后哀荣。

去世前，郭嵩焘写下了一首诗，句中说："流传百世千龄后，定识人间有此人。"他自信后人和历史会给他以公正的评价。

在外患东来，内乱不绝的关键时刻，举国的时尚竟以耻谈或痛骂洋务为荣，在许多人看来，洋务就是卖国，很多人宁可向上苍祈祷消灭洋人，也不愿看一看西方列强到底强在哪里。民众的麻木不仁、知识精英的鼠目寸光，到了令人恐惧的地步。

保守势力想用封建主义打败资本主义，用伦理道德击垮坚船利炮，用科举制度对抗新式教育，这些思想意识中隐藏着更大的危机，抱残守缺的后果更加严重。

与这些陈腐之见形成鲜明对比的，是 19 世纪 60 年代、70 年代的世界大潮：

1866 年西门子发明了发电机，宣告了电气时代的到来。德国挟统一之威，抓住了第二次工业革命的历史机遇，迅速超过英国成为欧洲首强，创造了后发国家赶超的典范；

德国工业革命成果展示图

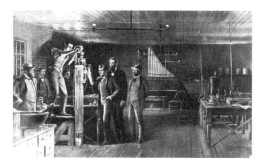

托马斯·爱迪生在进行
发明电灯的实验

1861 年，亚历山大二世
签署废除农奴制的法令

　　美国结束了南北战争，进入高速发展阶段，在 1894 年占据了工业产值世界第一的位置；俄国开始了自上而下的农奴制改革，竭力追赶列强的步伐；日本从 1868 年开始明治维新，以全国上下一心的姿态进行全面社会变革，其《五条誓约》之一是"求知识于世界"；1889 年，日本颁布了第一部宪法，虽然日本的君主立宪制存在很多问题，并在多年之后暴露其反人类的面目，但在明治时代，却使这个岛国的面目为之一新。

　　第二次工业革命使世界重新布局，这是历史给各国的又一个机会。这是一个少有的允许后来居上的时代，在人类的历史长河中，这样的机会实在是太少了。

　　路虽然很漫长，但要紧处就是那么几步。国家和民族也是如此，人走错关键的几步，要受到社会的惩罚；国家与民族走错了路，甚至只要延误一步都要受到历史的惩罚。

1889 年 2 月 11 日，日本举行《大日本帝国宪法》颁布仪式

4. 电飞宰相和戎惯，雷厉班师撤战回。
不使黄龙成痛饮，古今一辙使人哀。

1872 年 3 月 12 日晚 7 时至 9 时许，南京两江总督府内一位老人在椅子上静静地逝世。前一日他还写下了人生中最后一篇日记："通籍三十余年，官至极品，而学业一无所成，德行一无可许，老大徒伤，不胜悚惶惭赧！"

他是曾国藩，死后谥"文正"，虽然生前为三朝重臣，死后清政府为之辍朝 3 日，但他对自己的评价却非常低，不知是失望于自己一生功业未竟，还是绝望于晚清政局？

曾国藩之死意味着后世一些史学家所说的"中兴四臣"只剩下李鸿章和左宗棠两人。作为晚清政坛上执牛耳的人物，李鸿章、左宗棠都想通过洋务运动强国。

1849 年，左宗棠还只是一个隐逸在家的举人。抱病归乡的林则徐途经长沙，邀左宗棠在湘江舟中长谈，林写下"苟

曾国藩（1811 年 –1872 年），湖南湘乡人

利国家生死以，岂因祸福避趋之"的诗句，连同亲手绘制的新疆地图送给左宗棠。他对左宗棠说："吾老矣……欲将此重任托付！"

当时，英、俄支持中亚浩罕国派阿古柏率军入侵新疆。1874年，英国与阿古柏签订条约，并向其提供可以装备6万人的军事装备，使阿古柏气焰更炽。时局险恶，西北告急，东部面临新一轮的海上威胁，日本侵略台湾，俄国军舰虎视京畿重地。

左宗棠率领6万湖湘子弟西出兰州，打响收复新疆之战。漫漫戈壁的新疆大地，白雪皑皑的天山脚下，猎猎长风卷起大纛（dào）。来自水乡的湖湘子弟纵横大漠，浴血激战。

1878年1月2日，新疆全境收复，夺回六分之一国土。其间，无数湖湘子弟埋骨大漠，以血肉打牢了中国的疆域。

为了抵御俄国侵略，左宗棠曾抬棺出战，誓与俄军死战到底，使俄国不敢妄动。对于被俄国侵占的伊犁，清军的策略是："先之以议论，委婉而用机；次决之阵战，坚忍而求胜。"

此时，崇厚已经与俄国签订了丧权失地的《里瓦几亚条约》，人称"崇约"。面对条约已定的严峻形势，左宗棠与曾纪泽相互配合，一方面枕戈待战，保持军事压力，另一方面灵活运用各种外交手段与俄方谈判，对于"崇约"，曾纪

西征大军粮草转运场景图（清）

泽说："一张白纸已涂了墨，现在中国另换一张纸写字。"

1881 年 2 月 24 日，中国从谈判桌上夺回伊犁及特克斯河流域 1.9 万平方公里的土地。

李鸿章平生待人做事多用权术，于帝后之间游刃有余，于湘淮之争中颇占上风，是国际外交界最有名的中国人。李鸿章才气纵横，21 岁入京参加乡试，赋《入都》诗 10 首，其中一诗为世人传颂，声名几达海外，据说后来的日本首相伊藤博文对此诗激赏不已，引为知音：

丈夫只手把吴钩，意气高于百尺楼。

一万年来谁著史，三千里外觅封侯。

后来，李鸿章入曾国藩门下，曾国藩多次感叹道："汝才胜我。"

虽然后人对李鸿章毁多誉少，但不能不承认他是晚清政局中不可或缺的人物，他能清楚地认识到当时中国所处的恶劣环境，提出"外须和戎，内须变法"之策。"变法"的主张使他成为洋务运动的领军人物之一。他积极推进海防建设，几番辛苦，多年筹划，四方奔走，屡次上书，以 10 余年心血建成堪称远东第一流的北洋海军及旅顺、威海等海军基地。

1891 年 5 月 23 日至 6 月 9 日，从威海卫到大连的环渤海海域，李鸿章航行 3000 海里，耗时 18 天，检阅北洋海军。夕阳下铁甲舰硕大而泛着金色的甲板和巨炮使当时许多中国人一展愁眉。事后，李鸿章得意地向清政府报告："……综核海军战备，尚能日异月新。目前限于饷力，未能扩充。但就渤海门户而论，已有深固不摇之势……"

北洋海军赴日访问，使日本大为震惊，日本军方的评价是"大显威容"，据说排名仅次于英、法、俄、意、德、西、美七大列强。这些都令中国人为之自豪。但是人们没有注意到，一个衰弱的国家突然有了一支强大的海军，就像一个老人突然拥有了一只肌肉盘虬贲张得如同钢铁一般的年轻手臂，他能挥舞得动吗？不对衰老的肌体进行全面更新，不用新思

清朝海军军舰

北洋水师海军公所

想更换他的大脑，不用近代化的工业模式更换他的骨骼，不用繁荣的商业贸易更换他的血液，不用日渐富裕并具有相当文化素养的民众更换他的细胞，仅仅满足于一只拥有金属外壳的强壮手臂，又能发挥多大作用呢？

普通日本人震惊于北洋海军的船坚炮利的时候，内行人则有另一种看法。日本东京镇守府参谋长东乡平八郎上舰参观，发现清军在舰炮上晒衣裤，他冷笑说，这样的舰队不堪一击。

不过，北洋海军仍可以算是李鸿章一生最得意的事业，后人也多予以褒奖。李鸿章的名声其实多坏在"外须和戎"上。

李鸿章似乎对中国的军事力量严重缺乏自信，说什么"败固不佳，胜亦从此多事"。他认为中国即使胜利一时，迟早也要被对手击败，与其那时付出更惨重的代价，不如早早屈服，可能代价还小点。

1884 年，中法战争爆发。李鸿章的立场一如上文，主和。其言行甚至令法国总理茹费理感到吃惊："我快乐地体验了这位中国的政治家是用和我们自己相同的观点去考虑两国利益的。"备受鼓舞的茹费理因此更加下定了"必须征服那个巨大的中华帝国"的决心。

左宗棠认为时局于中国有利，"法国人欺弱畏强，实躁急而畏难。近时国内党羽纷争，政无专主。吾华果示以力战，持之期年，彼必自馁。况且虚悬客寄之师，劳兵数万里之外，势难持久，此议和之应从患也。"

其实，此时的法国还没有从普法战争的惨败中缓过气来，国内政局不稳，侵略越南、威胁南中国的举动很大程度上是为了弥补损失、挽回颜面，其实法军战力不强，战意不高。中国军队经历多年战争，对西式武器及其作战方式已不再陌生，也产生了一批初步经过近代战争陶冶的将领。刘永福率 1000 余人就可以在河内大败法军。但主和的声音操纵了外交战线。

左宗棠立军令状请战："不效，则请重治其罪，以谢天下。"一时震动京师。

可惜李鸿章仍然消极避战，数次放弃扩大战果的时机。在马尾海战中，拒派援军也就罢了，竟禁止部队阻止法国舰队，眼睁睁看着敌军靠近。福建水师最后在法国舰队的突然袭击中全军覆灭。左宗棠和沈葆桢多年的苦心经营毁于一旦。

广西前线，左宗棠西征军旧部王德榜与老将冯子材、刘永福死战不退，连战皆捷，一直反攻打到谅山，使当时整个世界为之震惊，法国茹费理内阁全体辞职。这是自 1840 年以来中国在对外战争中少有的重大胜利。然而，在中国军队扩大战果、欲将法军赶出越南的时候，李鸿章紧急喊停，使前

法国总理茹费理

刘永福（1837 年 – 1917 年），
广东钦州（今属广西）人

冯子材（1818 年 – 1903 年），
广东钦州（今属广西）人

线全体官兵为之怒骂，以剑斫地不已。时人将这一行动比作南宋赵构招回岳飞、将北伐大局毁于一旦的愚行，大骂李鸿章："电飞宰相和戎惯，雷厉班师撤战回。不使黄龙成痛饮，古今一辙使人哀。"

不久，李鸿章拿着新条约向国人炫耀，这是中国第一份没有割地赔款的条约，但仍是一份不平等条约。因为中国同意将"藩邦"越南交给法国，而且中国修筑铁路要与法国商办。

胜仗败约令左宗棠盛怒之下，在条约签订后10天辞官。1885年9月5日，一生心气极高，欲以一力挽狂澜、支大厦、造强国的左宗棠逝于福州。

> ### 5．我不相信单靠正义可以成事，
> ### 正像我不相信单靠一根筷子可以吃饭一样。
> ### 我们必须要有第二根筷子 —— 实力。

1894年7月17日，日本东京皇宫内军政要员云集，气氛非常紧张。这里将举行所谓"大本营御前会议"，这是日本天皇第一次参加类似的军事会议。此后，日本在向世界挥舞狰狞的军刀前，几乎都有这样的一幕。这次会议通过了对中国开战的一系列

日本明治天皇召开御前会议

议题。由此开始，日本成为世界公理和人类道德在 20 世纪最凶残的敌人，它以蹂躏亚洲和世界的方式把自己拖入了深渊。

所有与会人员都感到忐忑不安，因为要跟一个庞然大物作战，谁也没有胜算。他们甚至制定了胜、和、败三套处置方案：

如果海战大胜，则驱兵直入，攻取北京；如果海战打成和局，则确保平壤，并保持朝鲜海峡制海权；如果海战大败，则从朝鲜撤退，海陆军全力防卫日本。

这是一场必然要发生的战争，这已是日本第三次图谋中国和朝鲜。自 1873 年起，日本就一再向朝鲜和中国挑衅，试图逐渐夺取对朝鲜的宗主权地位。

1882 年，朝鲜发生壬午兵变，朝鲜士兵攻击日本使馆。日军出兵借机攻占朝鲜几座岛屿。当时李鸿章为母奔丧，两广总督张树声代理北洋大臣。张树声一接报立即派北洋 3 舰入朝，这一决定得到了总理衙门的认可，张树声再遣吴长庆率 3000 人入朝，迅速平定朝鲜兵变，并以武力威慑使日军停止军事计划。在这次行动中，一位青年将领脱颖而出，他叫袁世凯。

1884 年，朝鲜发生甲申事变。这一年，中法战争爆发。日本乘机挑动朝鲜亲日势力发动暴乱，拘禁国王李熙，并要求将李熙押送东京。朝鲜举国大哗，大臣们奔赴清军军营求援，朝鲜军队与日军相持，人民相约"杀尽倭奴"。清军驻朝鲜的吴兆有、袁世凯等三将刚开始不知所措，后来见时局紧张，

中日朝鲜相争漫画（清）

袁世凯建议当机立断，不再坐等上级命令。清军遂与朝鲜军民会攻日军和叛军，救回了李熙。日军遭受重创。但是，在李鸿章主持的和谈中，中国再次将优势地位与敌人分享，默认了日军在朝鲜的军事存在。

日本整军备战，"速节冗费，多建铁路，赶添战舰"，集10年之力，打造了一支亚洲第一的近代化军队。1894年，朝鲜发生东学党起义。朝鲜请求清政府出兵，日本也强遣军队入朝，军力超过清军，到了6月中旬，军力是清军2倍。战争已不可避免。

就在日军源源不断地登陆朝鲜的时候，北京紫禁城的一角也有一群人在紧张地工作着，不过却与当前紧张的战局无关，他们忙着排练一首祝寿曲《海宇升平日》，以献给大清帝国皇太后慈禧的六十大寿。

当然，忙乎的不光是几个乐师，整个中国都被老佛爷的生日折腾得鸡飞狗跳。就在日本人竭力发展国力、军力的10年间，慈禧先是在北京大修北海和中、南海，后又修颐和园。她不希望战争打扰她的寿礼，虽有光绪帝等主战派力争，却无济于事，"和"成为清政府的主旋律，一开始就站在消极被动的位置。但是紫禁城里的老太太不明白战争是不由退让者决定的，那反而会促使敌人下定战争的决心。

与此同时，北洋大臣、驻朝中国军队的真正指挥官李鸿章还在继续执行"和戎"政策，在国际间四处作揖，将和平的希望完全寄托于诸列强的干涉，迟迟不派兵增援前线。

在甲午之战前，日本间谍发出的情报说："内廷正在举办万寿庆典，原本不好运用干戈。"这让日本天皇和将领们为之心怀大定。

1894年7月22日，威海军港。"广乙"舰管带林国祥请示提督丁汝昌，如果日军攻击该怎么办。此时的北洋海军已经知道日本连续两次发布对清"绝交书"，这明显的宣战信号竟还不能使北洋舰队的将士们下定战争决心，可见"和戎"

误人之深。

大清帝国的总税务司赫德（英国人）对此看得很清楚，他说："日本是根本没有什么正义可言，除非借口代别人打抱不平而自己捡便宜也可以算作正义。正义完全在中国方面。但我不相信单靠正义可以成事，正像我不相信单靠一根筷子可以吃饭一样。我们必须要有第二根筷子——实力。但是，中国人却以为自己有充分的正义，并且希望能够以它来制服日本的铁拳，这种想法未免太天真了。"

李鸿章不知英、法、俄、德等国各有各的算盘，各国都希望在这次战争中攫取更大的利益，最差也要分一杯羹。所谓的国际公理和道义只不过是列强谋利的招牌。英国在7月16日与日本签订《日英通商航海条约》，签约的第二天，日本就召开了大本营御前会议部署战事。法、德两国一面对中国说什么"东亚和平"之类敷衍的废话，扭过脸就对日本外相陆奥宗光说："为使中国从过去的迷梦中觉醒过来，非有人给以当头一棒不可。"

当头一棒很快就来了。

1894年7月25日7时45分，朝鲜牙山湾丰岛，炮声突起。埋伏已久的日军"吉野"、"浪速"、"秋津洲"3舰向北洋海军"广乙"、"济远"两舰发动突袭。甲午战争爆发。

8时20分，"济远"舰击中日军主力舰"吉野"号的关键部位，但令日本人意外的是炮弹没爆炸，事后才发现炮弹里面居然没有装火药。这一幕一再在甲午战争中出现，洋务运动的种种弊端终于使中国军人在战争的第一天就饮下了一杯苦酒。

寡不敌众的"济远"和"广乙"两舰且战且走，但仍能击伤"吉野"舰，日军不敢紧追，转而围攻运输船"操江"号和租借英国商船以运兵的"高升"号。"操江"号不战而降，3000支步枪、20门大炮和20万两银子落入日军手中。

在"高升"号上，清军军官高继善持刀大喝欲投降的英国船长："敢有降日本者，当污我刀。"一时，全舰官兵皆誓言不降。日军突然对"高升"号施行攻击，"高升"号上的清军以枪还击，直到一个半小时后沉没于汹涌波涛。日本水兵逐个射杀落水的清军官兵，800余人殉难。

西方评论家评价道："日本海军以其精华，突袭中国二等慢舰'济远'舰及辅助舰，而最速之'吉野'竟受重伤，在'济远'舰上外籍引擎师称：日炮多不准，实非日本海军之胜。"

就在日军向北洋海军攻击的时候，日本陆军开始向驻朝鲜的中国军队攻击。中国军队撤退。率先撤退的清将领叶志超竟因为错误的战况报告而被委任为全军统帅，令"一军皆惊"。

八九月间，光绪皇帝一再下令反击。当时，日军遭到朝

左宝贵（1837年－1894年），回族，山东费县人

鲜军民的不断打击，处境困难，正是中国军队出击之机。但是在李鸿章授意下，叶志超阳奉阴违，按兵不动，整日饮酒淫乐，白白错失大好战机，直到日军完成部署。

9月13日，日军以近3倍的优势兵力进攻平壤玄武门。中国将领左宝贵率部血战，日本人后来写道："（中国）指挥的士官悉数战死……闻名的（日本）勇士，亦稍形减色。"左宝贵身受重伤仍指挥作战，直到战死。他已给予日军沉重打击，日军感到无力苦撑。但此时中国的将领给日军帮了个大忙，叶志超令部队撤退，日军随后追击，清军大败。叶志超这一逃就是500多里，将朝鲜拱手相送。

邓世昌（1849年–1894年），广东番禺人

与此同时，黄海爆发第二场海战，再次上演一出勇士战死、懦夫奔退的悲剧。战斗刚开始，旗舰"定远"被炮弹击中，海军提督丁汝昌受伤，北洋水师因此指挥混乱。"致远"舰在战场中左冲右突，虽然舰体多处受创，"致远"舰仍然拖着浓烟攻击日舰。弹尽之余，"致远"号战舰管带邓世昌仍想扭转战局，他说："倭舰专恃吉野，苟沉此舰，足以夺其气而成事。"他号召部下说："吾辈从军卫国，早置生死于度外，今日之事，有死而已！然虽死，而海军声威弗替，是即所以报国也！"

"致远"舰官兵将自己化作了一枚巨弹，一柄残刃，掷向"吉野"号，日军为之胆寒，纷纷发射鱼雷。"致远"舰沉没，邓世昌不愿偷生，自沉大海。

此时，"济远"管带方伯谦、"广甲"管带吴敬荣先后逃跑。当此危难之机，"经远"舰管带林永升追随邓世昌，以舰撞舰，结果也被日舰鱼雷击沉。"定远"、"镇远"、"靖远"3舰仍鼓勇奋战，其他各舰渐渐聚集。日军不敢再战，首先撤离战场。

北洋官兵算得上骁勇善战，"炮术极佳"，但再高的炮术也挡不住假弹纷纷，许多日军战舰中弹后往往不发生爆炸，因为中方的许多炮弹裹的不是炸药，而是沙砾。

这不是一场败仗，也可以说是一场败战。说它不是败仗，是因为虽然开战不利，损失偏大，但仍能相持到敌军主动退出战斗，并没失去再战之力。说是败战，是因为李鸿章更加张皇失措，下令北洋海军龟缩军港，放弃了制海权。

这使日军另组第二军，大摇大摆地登陆辽东花园口，包抄旅顺。日军第一军猛攻鸭绿江和辽河一线，完成整个战役布局。

清军节节败退。黑龙江将军所部12个营甚至被日军一阵枪就吓跑了。最后，旅顺落入日军手中，日本军队在此首次展现了他们完全禽兽化的特性，做出了43年后他们的后辈在南京所做的一切，四天三夜间虐杀城中2万多军民，只留下36个中国人处理尸体！

不久，逃到威海卫的北洋海军全军覆没，不愿投降的丁汝昌、刘步蟾等人自尽以全节。日军逼近京师。

一手打造了北洋海军，又一手把北洋海军送上穷途末路的李鸿章，又一次走上了谈判桌。

谢缵泰所绘的
《时局图》

Akira Iriye　入江昭　美国哈佛大学教授

● **19世纪时西方列强殖民统治的背景**

当时世界有五到六个大国，包括英国、法国、俄国、德国以及后来的美国。他们互相竞争，争夺世界。他们都想拥有更多的领土，建立自己的帝国和殖民地。因此我认为是这两种力量在起作用：第一是在全球范围内寻求市场。第二是为了比对手更多地瓜分世界，其方式是：建立殖民地，划定势力范围，争夺人口和领土。于是就有了这么一种奇怪的现象，世界上不到四分之一的人控制了其余四分之三的人。非常不可思议，但19世纪的历史就是如此。

　　这场战争使日本获得战争赔款库平银2.3亿两，加上日本掠夺的大量舰船、武器、物资，折合日元5.1亿元，相当于日本全国一年财政收入的4.5倍。借这笔巨款，日本进一步发展工业，扩军备战，迅速成为世界级的强国。在《马关条约》的签署地，现在日本下关地区新干线路旁庞大的钢铁工业，就是以这笔带血的资金起步的。辽东半岛和台湾、澎湖列岛被割让给日本（在列强施压下，清政府以3000万两赎辽费赎回辽东半岛）。

　　由此一战，日本摆脱了半殖民地的地位，也日益成为中国近现代史上最大的侵略者。洋务运动失败了，中国堕入更为深重的苦难。大清帝国的无能进一步鼓舞了列强的野心，甲午之后，英国人夺取威海卫，德国人占领胶州湾，俄国人进一步蚕食西部边境，中国再无一刻安宁……

　　天地苍茫，中华故土，喑哑呜咽，国魂何在？

四、共 和

1867年7月21日晚，两江总督衙内。曾国藩与幕僚赵烈文密谈。

曾国藩忧心忡忡地说："京中来人云：'都门气象甚恶，明火执仗之案时出，而市肆乞丐成群，甚至妇女亦裸身无裤。'民穷财尽，恐有异变，奈何？"

赵烈文回答说："天下治安一统久矣，势必驯至分剖。然主威素重，风气未开，若非抽心一烂，则土崩瓦解之局不成。以烈度之，异日之祸，必先根本颠仆，而后方州无主，人自为政，殆不出五十年矣。"

曾国藩问道："然当南迁乎？"

赵烈文说："恐遂陆沉，未必能效晋、宋也。"

曾国藩反驳说："本朝君德正，或不至此。"

赵烈文说："君德正矣，而国势之隆，食报已不为不厚。国初创业太易，诛戮太重，所有以天下者太巧。天道难知，善恶不相掩，后君之德泽，未足恃也。"

曾国藩良久无言，最后说："吾日夜望死，忧见宗祏(shí)。"

就在洋务运动风声水起的时候，清政府声望最高的封疆大吏曾国藩却对时局十分担忧。赵烈文认为虽然还可以支撑，但如果中央政府先烂掉，那么中国就会崩溃，陷入军阀混战的危局，清政府即使想像东晋、南宋那样划江而治也做不到，因为虽然历代皇帝都不算太糟糕，但却不足以使之支持下去。清王朝离最后的崩溃也不会超过50年。

赵烈文所言具有极强的预见性，44年后，大清帝国的龙旗落下了。

1. 敢于干出以昆明易渤海、万寿山换滦阳这样的丑事，清国政体不是一个明显失败的政体吗？

1879 年，美国南北战争的名将，第 18 任美国总统格兰特在离任之后访问中国。他致信李鸿章，认为中日两国："人民灵敏有胆，又能勤苦省俭，如能参用西法，国势必日强盛，各国不敢侵侮……如广行通商，则人民生计，国家财源，必臻富庶"。他"甚盼中国亟求自强"。

但是，中国没有像他所说的那样做，而日本却这么做了。日本变法之后蒸蒸日上的局面，让他对中国的落后很担心。作为身经百战的军事统帅，格兰特认为："中国不及日本远甚……以日本一万劲旅，可以长驱直捣中国三千洋里，而为中国所不能抵御也！"

15 年后，格兰特的话不幸言中。

甲午战争，同样装备着坚船利炮，同样有留学国外的指挥官，也不乏以身殉国的统帅、死战不退的勇士、同归于尽的英雄，却依然一败涂地，还是败于日本这个与列强签订了一系列不平等条约的弹丸小国，这是国人无论如何都难以接受的。这次战争的失败带给中国人心灵的创痛，是历次失败所无法比拟的。中国遭遇了前所未有的生存危机。

洋务运动的成果何在？甲午之败仅仅败于军事吗？这些问题存于每一个人的心中，人们在寻找答案。

1894 年 11 月 7 日 9 时许，一乘耗银 76913 两的金辇在盛大的仪仗伴随下出现在紫禁城东边的皇极门外。一个保养极佳的妇人盛装步下金辇，在大群太监的伴随下走入皇极殿。贺表声起，夸尽她的"高功厚德"。随后，光绪皇帝率妃嫔及满朝文武三跪九叩，山呼"万岁"，《海宇升平日》的乐曲响起，这一切使得"老佛爷"笑容绽放。就在此时此刻，日军兵锋已经逼近大连，无数的人民在恐惧之中哭喊着祈求上苍的怜悯和"王师"的拯救。

典礼结束的时候，心急如焚的翁同龢（hé）等军机重臣听到了一个令他们目瞪口呆的命令和一句"名言"。慈禧"赏赐"皇帝和大臣们听戏 3 日，一切军国大事暂时放下。她还放言威胁"今日令吾不欢者，吾亦将令其终生不欢"。

就在北京刻意营造的 3 天"太平日"，日军夺大连，兵锋直指旅顺，10 余日后制造旅顺大屠杀。

"吉野"号，日本海军的主力战舰，原本是英国船厂为北洋海军所造，可惜清政府不同意购买，英国人把它卖给了日本人，使这艘时速 23 海里的快速巡洋舰成为日本海军的利刃，北洋战舰中没有一艘能达到这样的速度。

在战争前，日本海军多已装备速射炮，是清军克虏伯大炮施放速度的 5 倍至 10 倍，眼见日本海军战力逐渐超过北洋水师，朝鲜局势日益紧张，李鸿章应北洋海军之请，请求拨款 60 万两银子，购速射炮 20 门，但没有哪个部门愿意出这笔钱。李鸿章只能从北洋后勤经费中挤出 20 万两银子，购买普通速射炮 12 门。

自 1888 年成军以来，北洋海军就没有再增添过任何战舰。

日本海军联合舰队"吉野"号巡洋舰

1891年，"户部奏准南北洋购买外洋枪炮、船只、机器暂停两年，即将所省价银解部充饷。"钱都到哪儿去了？

清廷为筹办慈禧六十大寿，除要求各级官员捐纳外，还提用户部饷银和边防经费，甚至挪用海军军费。专为慈禧"颐养天年"而修的颐和园，工程预算为1000万两白银，其实耗费远过于此，到底是1000万两白银还是1亿两白银没人能说清。

清政府要求李鸿章每年从海军经费中拿出200万两银子用于颐和园。1887年到1894年的7年间，北洋水师本应获得拨款3000余万两白银，实际只拨付1400万两，仅兴建颐和园，就从中挪用了750万两。另有一说，颐和园共挪用海军经费达3000万两白银。

付出代价的还有铁路。直奉铁路建设工程本有银3000万两，慈禧挪用其中1000余万两，导致铁路中途停工。为了筹措修园的费用，各部门甚至卖官鬻爵，两三千当县官，四五千做知府，七八千为道台，这一行径成为世界级的笑料。得款数百万，又投入颐和园。

颐和园建成后每天维持费用达1万两以上，1年三四百万两，相当于整个北洋海军1年的经费。为办一个万寿庆典，光用彩绸装饰建筑物，就用银14余万两，装修庙宇、搭建彩棚、修饰各处建筑又费银240万两。

要知道，此时中国1年收入不过8000余万两，当年筹建福州船政局不过用银47万两，世界第一流的"定远"、"镇远"两舰相加也不到300万两。也就是说，仅挪用海军军费一项，按最少算都够买5艘"定远"或"镇远"舰，或者是250门最好的速射炮，或者15所兵工厂。那么，整个颐和园够买多少战舰？

现实是北洋海军连枪炮弹药都不许买了，黄海之战到了最激烈的时候，许多中国战舰弹尽，邓世昌、林永升等忠勇将士只能以身为弹，驱舰撞敌，原本可以用来痛击倭寇的炮弹变成了颐和园中开不动的石舫，省下的军费变成了万寿庆典上飘扬的彩绸。那么，这些巨款就这么容易被挪入颐和园吗？

1886 年 11 月 19 日，户部尚书翁同龢在日记中写下了两句话："盖以昆明易渤海，万寿山换滦阳也。"昆明指的是颐和园中的昆明湖，渤海指的是北洋海军；万寿山是颐和园中最高处，滦阳指的是承德避暑山庄。意思也就是说，用颐和园来取代国防（北洋海军）、用享乐来取代自强精神（避暑山庄为清代历朝皇帝培养子弟尚武精神的地方）。

就在这一天，翁同龢知道了一个秘密，慈禧和醇亲王以在昆明湖训练水军的名义修建颐和园。这一秘密不久就为世人所知，弄得群言汹汹。

远在旅顺修建军港的袁保龄讽刺说："昆明习水战，赋绝好题目。借款得所藉手，挥洒较易。"直接点出了"习水战"云云，不过是为浪费公帑找到了一个绝好的掩饰。清政府干脆以"孝"的名义公开大修颐和园，文武百官敢怒不敢言。

其实，这些巨额的款项多数流入了私囊。据说当时"官中兴作，以三成到工为正例"，也就是说，按正常的情况，十成经费用到正事上有三成就不错了，其余七成被各级克扣。这还是好的，更恶劣的甚至只能用到一两成。

当战云密布之际，清朝大小官员考虑的头等大事是给"太后老佛爷"送什么礼，生怕触怒慈禧。就在战局不利的 10 月 19 日，户部请求举债 1000 万两，同一天老佛爷迫不及待地要大臣们进献礼物："所有应进皇太后六旬万寿贡物之王大臣，以及外省各大臣等，均着于本月二十五日呈进，其蒙古王公等于二十六日呈进。"

翁同龢、李鸿藻（同治的老师）没钱办礼物，只能求助于庆典工程的承建者立山，请这位内务府大老板帮忙。立山办事妥贴，很快就将几色礼物办好。翁同龢感叹道："此等事，非此君不办也。"

上下其手、层层贪墨的结果就是甲午海战中那一枚枚打不响的假炮弹，就是卖官鬻爵、搜括百姓，就是人心大坏、国力日衰。

在中国用 10 年的时间为老佛爷的生日忙乱的时候，日本明治政府在改革国家制度，实行君主立宪制，建国会，举行众议员选举。大力推进"殖产兴业"和"富国强兵"，注意各类工业同步发展。大力扩军备战，用近代欧洲军队的方式改造日本军队，财政收入的 60% 用于军备。到 1892 年，日本海军排水量已达 7.2 万吨，超过北洋海军不少。即使这样，日本高层仍嫌不够，山县有朋说："古今之最大急务，在于整顿海军。"

明治天皇决定从供应皇宫开支的内库每年拨款 30 万日元，作为海防补助费。他还亲自发起捐款运动，从每月的薪水里捐款建造军舰，在天皇的影响下，皇后也将部分首饰捐出，变卖后用于购买军舰。满朝文武薪金的十分之一都用于建造军舰。

甲午战争时，中国的军机大臣们无人奔赴前线，北洋大臣李鸿章本人也缩在后方。黄海大战时，南洋水师的一艘战舰奉命北上，它的任务不是增援北洋舰队，而是给慈禧太后送荔枝。

日本明治天皇则在战况激烈的时候，下令将大本营西移到广岛的第五师团司令部，以更加靠近前线指挥。明治以会议室为卧室和办公室，拒绝一切装修，一住就是 7 个月，直到中日谈判开始的时候还在广岛。

明治维新的重臣、原首相、日本议会议长、号称日本陆军之父的山县有朋大将一再请战，决意赴朝鲜指挥平壤之战。他激励部下说："万一战局极端困难，也绝不为敌人生擒，宁可清白一死，以示日本男儿之气节，保全日本男儿之名誉。"

《纽约时报》评论说："是日本人打开了世界的眼界，让人们看到大清帝国真正的无能……清国政体是一个明显失败的政体……"

"镇远"号铁甲舰上的主锚，北洋舰队失败后，被日军掳去

2. 仿佛走在阴暗的历史隧道中，前面能看到光明，但四周的黑暗压得人喘不气来。

1895 年 3 月 20 日下午 2 点 30 分，中日双方谈判代表在马关春帆楼进行第一次会谈。其间，李鸿章与伊藤博文有一段耐人寻味的对话。

伊藤博文问："变革之事，10 年前，我在津时已与中堂谈及，何至今一无变更？本大臣深为抱歉。"

李鸿章无奈地回答："……我国之事，囿于习俗未能如愿以偿。当时贵大臣相劝云，中国地广人众，变革诸政，应由渐而来。今转瞬 10 年，依然如故，本大臣更为抱歉，自惭心有余力不足而已。贵国兵将，悉照西法，训练甚精；各项政治，日新月盛。此次本大臣进京，与士大夫相论，亦有深知我国必宜改变方能自立者。"

伊藤博文以过来人的得意口吻说道："天道无亲，唯德

1895 年，李鸿章赴日本与伊藤博文等人会面

李文海　　中国史学会会长

● **甲午战争对中国的影响**

甲午战争中国的失败不是偶然的，它有深刻的社会根源。主要的原因有两条，第一条就是社会制度的腐败，第二条就是经济基础的落后。当时的中国社会是一个半殖民地半封建社会，当时的封建统治集团完全扼杀了中国人民的创造力和活力，阻碍着经济的发展和社会的进步，他们更没有能力去应对非常严重的民族危机与社会危机。

当时中国在经济上、科技上比西方资本主义远远地落后了很大的一截，虽然实行了洋务运动，但并不能从根本上把中国的综合国力提高到跟西方相应的水平。在这种情况下，在甲午战争中他们制定了一个失败主义的战略方针。在失败主义的战略方针指导下，战争一打起来，中国的军队只有一败涂地。最后，洋务运动经过了几十年建设起来的中国最早的近代化的海军，几乎全军覆没。所以甲午战争的失败，在中国各个社会阶层引起了很大的震动，成为中国近代历史上带有转折意义的重大历史事件。

William C. Kirby　柯伟林　美国哈佛大学历史系教授

● **甲午战争对中国的影响**

甲午战争使清朝，至少使贵族们大受其辱。因为堂堂大清国竟被一个至少是清朝认为相对很小的亚洲国家所凌辱。这证明并不是清朝有多落后，而是日本有多迅速地赶超，以及世界竞争有多激烈。这使人们大为恐慌，担心清朝，确切地说是中华文明，会被帝国主义列强所瓜分。这种恐慌在几年后就得到了证实。这段时期是世界上侵略不断的时期，尤其是西方扩张和帝国主义崛起的时代。日本只是比清朝早一步向西方学习，然后把从帝国主义那儿学来的应用到中国而已。所以这个教训就是"要么使中国现代化，要么等待灭亡"（落后就要挨打）。

是亲。贵国如愿振作，皇天在上，必能扶助贵国如愿以偿。盖天下之待下民也，无所偏倚，要在各国自为耳。"

就在这屈辱的场合，73岁的李鸿章面对55岁的伊藤博文含蓄地道出中国失败的缘由，也总结了日本得以胜利的原因。

甲午一战，使一直以泱泱大国自居的大清帝国遭遇了最大的心灵创痛。中国民众第一次如此普遍、真切地感受到了亡国的危机。

洋务运动的探索未能挽回清政府的颓势。那么，究竟什么才是救亡良方？谁将是下一次探索的领导者？

就在甲午战争结束的1895年，瑞典科学家诺贝尔在遗嘱中设立了和平奖；

俄国文学家托尔斯泰在自己的庄园办学校，对农民的儿子进行普及教育，为维护农民利益充当调解人与陪审员；

美国的新闻记者们开始曝光社会的阴暗面，推行进步运动；

此时在中国，第一批具有近代意义的知识分子因为国辱，终于从旧思想束缚中摆脱出来，开始担当起对社会和国家的启蒙责任。

《马关条约》的相关消息传来，举国为之大惊。

郑孝胥扔掉手中的笔，大声喊道："吾今为虏矣！"

在大连，市井间人人说着同样的口头禅："国破家亡，死了干净。"

广东诗人黄节写诗云："草木尤春荣，世运何大异！东望春可怜，千里碧血渍。"

1895 年 5 月 2 日，北京、河南、山东、湖北、浙江、江西等大批举人纷纷集会，一天有 15 起公车上书和官员上书，坚决反对《马关条约》，要求自强。

在北京宣武门外松筠庵，一批举子大集，人人脸上都透着怒意，一番痛骂之后，人们在一份奏折上签下自己的名字。此文一万八千言，是广东南海人康有为一夜之间写就，由弟子梁启超抄写。文笔雄健，声气慷慨，一时传诵京师。

康有为提出了挽救时局的四大策："下诏鼓天下之气，

光绪帝批准《马关条约》的谕旨

康有为（1858年–1927年），广东南海人

迁都定天下之本，练兵强天下之势，变法成天下之治"，希望清政府全面地进行变法，此书就是历史上有名的《上清帝第二书》。此书虽没送达中枢，但康有为已经走上了中国的历史舞台，他曾7次上书皇帝，其中对国势的沉痛、对救国的迫切、对变法的热衷、对自强的思虑，百年后读来，仍可以感到一颗中国心脏中强劲的力量。

这次公车上书意味着晚清知识分子第一次大规模介入国家政治，虽然没有被清政府接纳，但也给予了清政府非常沉重的压力。

"昔时人已没，今日水犹寒。"

1895年，邓世昌阵亡1年后，他的同学，才华横溢而又"不与机要，奉职而已"的北洋水师学堂总办严复，从怀才不遇的痛苦中挺身而出，发表《救亡决论》，喊出："今日中国不变法则必亡"，第一次向国人提出"救亡"的口号。

1898年，康有为再次上书光绪皇帝，希望自上而下，"以日本明治之政为政法"，建议学习日本的立宪君主制。在他看来，明治政府的立宪君主政体是使日本强大的最重要因素。

甲午战争成为检验明治维新与洋务运动结果的试金石，中国知识分子开始思考日胜中败的深层原因，一时之间，东渡日本的中国留学生远过留学他国，有志之士皆想实际看看明治维新的成功之道。

张岂之　西北大学中国思想文化研究所所长

● 严复在中国近代文化史上的地位

戊戌变法在中国近代文化史上占一个非常重要的地位，戊戌变法代表人物康有为、梁启超、谭嗣同，大家都非常清楚。还有一位就是没有亲自参加戊戌变法，但可以说是戊戌变法思想的灵魂，精神领袖严复。他把西学介绍到中国来，要使西学变成中国的东西，解决现实问题。严复是中国近代最有代表性的启蒙思想家，他早年到英国去学习海军，但是对西方的哲学、社会科学都有所研究。严复当时翻译了

《国富论》，而且写了很多的按语，说哪些对中国有用，哪些对中国无用。严复还翻译了法国启蒙思想家孟德斯鸠的著作《法意》，又写了很多按语。

最有名的就是赫胥黎的一本书，严复就把这本书的前半截《进化论》翻译成中文，名字就叫做《天演论》，这本书的后半截《伦理学》就没有翻译过来。在《天演论》里面严复同样写了许多按语。这本书对思想解放的促进非常大，思想究竟解放在哪里？就在于动摇了我们中国传统文化的循环论的思

想。原来我们周围都是循环，起点绕了一圈以后又回到了起点，进化论不是循环，进化论是不断地向前发展，逐步地向前发展，这对人的思想解放起了很大的作用。所以1898年的戊戌变法虽然失败了，但是戊戌变法在中国近代文化史、思想史上起了巨大的作用。

这种巨大的作用我们现代人很难体会到，为什么那么多的知识分子都想看严复翻译的《天演论》，因为他们想在这本书里面找一个武器，给中国设计出一条民族复兴之路来。

　　1898年，中国最轰动的出版物是严复所译《天演论》，它向中国人介绍了达尔文的进化论思想，提出"物竞天择"的规律。《天演论》影响极为深远，在10年内再版30多次。在很长一段时间里，"物竞天择"和"适者生存"广泛为中国青年所接受，甚至很多人以此作为自己的字，比如胡适，字适之。

严复为《天演论》写的序言

严复（1854年–1921年），福建侯官（今闽侯）人

谭嗣同（1865 年－1898
年），湖南浏阳人

甲午海战的血雨使严复深刻反思技术救国的失误，他痛陈专制政体的弊端，反驳中体西用之说："有牛之体则有负重之用，有马之体则有致远之用，未闻以牛为体以马为用者也"；他呼吁"自由为体，民主为用"，力争"开民智，新民德"。

此时，一些知识分子已经认识到了封建制度的问题。有一部为时人所关注的书出自一位湖南书生之手，书名《仁学》，人名谭嗣同。谭嗣同痛骂 2000 年来的封建专制制度是"大盗"之政，专制君主是"独夫民贼"，一切罪恶的根源。他认为"君"不过是"民"根据需要所选举，"君"不为"民"办事，可以废掉。

《仁学》内容丰富，它既有旧学的浓厚味道，也有西方思想的极大熏染，两者并行，合成了一部独特的书，也反映了一个独特的人。正如一位学者所说，它依然可以视为晚清思想界"先锋式"的标本，反映了中国知识分子由传统向现代转变的急剧行程和思想状态，体现出传统文化下的中国知识分子向现代转变的艰难。

不管那个时代的先行者们思想中有多少不足和缺憾，都弥足珍贵，因为他们使中国人从数千年来的旧格局中看到了一个全新的世界，并开始寻找新与旧、东与西的结合，这一切都在挥舞的变法旗帜下张扬出别致的历史风情。

对于变法的迫切，康有为在一次演说中这样说："吾中国四万万人，无贵无贱，当今日在覆屋之下，漏舟之中，薪火之上，如笼中之鸟，釜底之鱼，牢中之囚，为奴隶，为牛马，为犬羊，听人驱使，听人宰割，此四千年中二十朝未有之奇变。"

如何才能改变被列强瓜分的命运呢？维新派提出要学习现代政治制度。中国人用近半个多世纪的时间终于认识到：打败中国的并不只是西方的坚船利炮，仅仅"师夷长技"是远远不够的，中国需要从政治、经济到文化、教育的全方位改革，事关中华民族的生死存亡。

在紫禁城中，也有一位苦读"西学"的人，在1892年就开始学习英语，他是光绪皇帝。任职于总理各国事务衙门的张元济回忆说："光绪喜欢看新书，常常写条子到总理衙门要书，这件事都由我经手办理。那时候黄遵宪做了一部日本国志，光绪指名要这部书看，也是由我取来送进去的。"光绪锐意改革的态度得到了当时很多知识分子的支持，像谭嗣同这样对皇权本身不满的人，也对光绪抱有好感，并投入了变法运动。

清光绪帝载湉（tián）（1871年–1908年）

"明定国是"诏书

Natascha Gentz　费南山
英国爱丁堡大学汉学系主任　苏格兰汉学中心教授

●戊戌变法

甲午战争后，人们通常说中国从此觉醒，这是中国第一次发现自己落后于日本和其他西方国家。他们也认识到了必须打开国门，实现现代化。由于民众很支持，这就使某些派系能够大张旗鼓地实现其政治主张，这就是戊戌变法。但是由于朝廷内部的派系斗争，戊戌变法很快就结束了。但是，实际上，慈禧后来延续了康有为、梁启超和光绪所提出的方案。

Jonathan D. Spence　史景迁　美国耶鲁大学教授

●戊戌变法

我觉得戊戌变法是中国早期一个非常重要的试验，但是清朝统治者的宫廷政治导致了它的失败。有一个教训，就是你不能同时做很多件事，很多变化如果同时发生的话就会丢掉很多人。如果你的幕僚要参与到改革的过程中去的话，你必须非常小心地让他们在朝廷上被接受，我觉得像梁启超、康有为、谭嗣同这样的人并没有被清朝权贵所接受，他们被认为是太急切地想颠覆旧体制，变化也太多了。

Tu Weiming　杜维明　美国哈佛大学哈佛燕京学社教授

●戊戌变法的背景

在鸦片战争前后中国的经济据说是世界经济的三分之一，或者和美国如今在世界经济中的地位有可以相提并论之处，但是西方当时已经进行了启蒙运动，18世纪、19世纪，特别是在工业革命以后发展得非常神速。中国一方面对西方无知，无知本身是可以理解的，因为利玛窦之后双方在17世纪、18世纪已经没有真正的学术文化交流和互动的可能，在这样一个情况下，中国官员除了无知以外，另一方面还非常傲慢。无知加上傲慢非常危险，因为西方带来的不仅是坚船利炮，不仅是政治制度，还有一些比较深刻的思想价值都因此而无法得到重现。

戊戌变法，只是光绪皇帝希望能够有改变，光绪皇帝后面的整个官僚制度，整个政权基本上是无知和傲慢的，因此要推动变法非常困难。

　　1898年6月11日，光绪皇帝颁布"明定国是"诏书，宣布变法开始。

　　维新派试图不动摇封建统治基础，照搬西方制度进行社会改革。在103天的时间里，光绪发出了110多条诏令，涉及科举、工业、商业、军事、文化、教育等多个领域，试图全面革新。但这些诏令应者寥寥。

　　甲午战争后的中国精英们仿佛走在阴暗的历史隧道中，

复兴之路

共和

前面能看到光明，但四周的黑暗压得人喘不过气来。

长期无法掌握实权的光绪皇帝背后，还有一位执掌朝政30余年的老佛爷，一向视权如命的慈禧绝不会把权力拱手让人，哪怕这是在为日暮西山的中国乃至大清朝廷争取最后一丝希望。西方人士认为："慈禧的顽固和冷酷无情为整个大清国带来了最不幸的后果。"

如今的北京菜市口充满了现代都市气息，但在109年前那个烦闷的夏季，菜市口见证了旧制度对近代化的最后一次胜利，刽子手挥刀砍下六颗人头，也砍断了清政府最后一缕希望。

光绪被囚瀛台，于四面湖水中蹉跎岁月，任冷酷的岁月之刃切割他的雄心壮志和单薄的身体，他只剩下了一件武器，那就是自己的生命，他希望以此与慈禧相抗衡，看谁先死。他小看了慈禧的冷酷，最后他以不可知的原因死在慈禧之前，相隔时间还不到24小时。

虽然那是一个只有百余天，而且甚少实迹的变法运动，但到了今天，仍给我们留下了最深刻的印象，关于一群立志救国的文弱书生的印象。

百年前，在人烟稠密的北京城，几位雄姿英发的人物如饥似渴地从各国变法的事迹中汲取力量，希望挽狂澜于既倒，

维新人士创办的刊物及著述

狭间直树 日本京都大学名誉教授

● **关于戊戌变法**

戊戌变法的情况是，不仅仅是国家工业化的问题，而是想把国家体制近代化，用当时的想法来说就是"立宪制"。日本当时已经制定宪法，建立国会。国会是集中人民意见的机构，这是近代的一种政治体制。戊戌变法也是这样，他们想建立的新体制是立宪制。

戊戌变法失败的原因，还是因为保守派的势力太强，改革派的准备不充分。改革是需要打破旧体制的，改革的方略、谋略不成熟也不行。

张 磊 广东孙中山研究会会长

● **如何认识戊戌变法**

我想戊戌变法在经济政治文化方面，是中国走向近代化的一个重要步骤，同时也是思想方面第一次真正的启蒙，如果说龚自珍、魏源、林则徐是先驱，到现在为止，他们(指变法诸人)可以说是第一次的政治思想变革。

在这个紧要的关头，民族危机空前严重，台湾被割让了，大量的赔款，允许资本输入中国，直接剥削中国人民。在这种情况下，面对维新运动的高涨，民主革命的开端，清朝的最高统治者采取了顽固到底的态度，在1898年镇压了百日维新，六君子血洒菜市口，这就扼杀了那种温和的变革。

它是真正的变革，也是一种反抗，是封建专制主义的对立面的反抗，所以我很喜欢列宁的话，跪着的造反，是造反但跪着，他没站起来。孙中山的民主革命是站起来。像戊戌变法这样温和的变革清政府不允许，采取血腥镇压，因此清朝的衰亡是必然的。可以说，在19世纪末，清朝政府失掉了一次振兴国家、缓和危机的机会。

支大厦于将倾。但是，在那个"戊戌"年，他们失败了，或暴尸京城街头，或逃至海外东瀛。

死则死矣，去则去矣，可在北京城的古树、红墙、琉璃瓦、石碑、马道上，依然能强烈感受到作为代表的他的存在。他，高吟"我自横刀向天笑，去留肝胆两昆仑"，慷慨赴死。他以"不有行者，无以图将来"，劝梁启超远走东瀛，将生留与同志，将死留给自己。日本使馆为他提供保护，他傲然说："各国变法，无不从流血而成，今中国未闻有因变法而流血者，此之所以不昌也，有之，请自嗣同始！"

是的，他是谭嗣同，一个有重整山河之志的奇男子，一个可以作为历史坐标的大丈夫。谭嗣同有豪侠之气，有燕赵慷慨悲歌之血性。但其视死如归的气概绝非江湖之勇，如果说他死前还有什么牵挂，那就是后人是否为他的鲜血所激励了，他在绝笔书中说："嗣同不恨先人而死，而恨嗣同死者虚生也，啮血书此，告我中国臣民，同兴义举。"

面对这翰墨纵横、正气凛然的文字，让人顿生仰望泰山、遥对长城的肃然之敬。慈禧用菜市口行刑来打击他的抱负，他却在这万千头颅滚落尘埃的地方爆出了生命的惊雷：有心杀贼，无力回天；死得其所，快哉快哉！

谭嗣同等六君子使中国近现代史在沉郁了58年之后，有了崭新的诠释，以炽热的血液浇灌富强与自尊的花蕾，也使得中国知识分子不再是深锁于红墙大院的点缀，而重拾起浩然长存的气脉和风骨。

对于中国来说，失败同样宝贵。戊戌变法虽然被扼杀了，但作为中国近代的第一次启蒙思想运动，它所传播的西方政治学说和自然科学知识，将统治中国人几千年的封建思想打开了缺口。正是这些新的思想，伴随古老中国走进了一个新的世纪。

3. 秋风宝剑孤臣泪，落日旌旗大将坛。寰海尘氛纷未已，诸君莫作等闲看。

1900年，人类用欢呼声拥抱新的世纪之年。

1月26日，在美国美亚商会的第二次新年宴会上，中国驻美公使伍廷芳一口流利的英文演讲引发了一阵阵笑声和掌声，他说：

"……我在这里的唯一目的，就是要将两国人民的友谊拉得更近些，将连结两国人民的纽带粘连得更牢靠。"

"……当你们在上海或北京活动时，请记住你不是在华尔街，不要吓唬和威胁我的同胞。"

"……你们必须在拿走的同时也要付出，而不是拿走我们所有的东西，而没有任何的付出。"

"……美亚商会是由受过良好教育的人们组成的，你们有责任告诉这里的人民，我们需要什么？怎样对待我们才算是平等相待？"

听这场演讲的除了美国的商人们，还有原美驻华公使、日驻美公使以及一些美国参议员。

伍廷芳热情地邀请各国商人到华投资，但他没有想到的是，来到中国的是一群强盗，中国人民迎来了历史上最黑暗而伤痛的岁月。

这一年，八国联军侵入中国。

1900年的北京，气氛十分紧张，义和团成为中外瞩目的焦点。

自鸦片战争以来，各国传教士纷纷来到中国，他们所秉持的宗教和文化观与中国的传统格格不入，有的对中国传统宗教和生活习俗横加指责，有的干涉地方行政，有的干脆披着宗教外衣行间谍之实。天长日久，教会在中国普通民众的心中变成了外国侵略势力的代表，产生了一系列冲突。从1860年到1900年间，发生各类教案800多起。

随着甲午之败，列强加大了瓜分中国的力度，德国以山东作为势力范围，英国以长江流域作为势力范围，法国以云南、广西、广东作为势力范围，俄国以东北作为势力范围，日本更是贪心炽烈，将福建划为势力范围，还试图向中国内陆及东北发展。

面对日益艰难的生活、列强疯狂的侵略，在山东、直隶等地，许多乡民相聚习武，力图自卫，到后来开始攻打教堂、惩治教徒，最终形成了义和团运动。

义和团的宗旨是"扶清灭洋"，其身上兼有反抗侵略的进步性和维护封建传统的落后性。他们对于西方的一切都抱

义和团"扶清灭洋"和
义和团反帝传单

持着一种反对的态度。义和团相信可以将中国神话传说中的
神仙佛祖、英雄好汉都请入凡世，附在身上，"刀枪不入"，
抵挡洋枪洋炮。

　　义和团入城后，曾有数十名义和拳民在两位亲王的带领
下到皇宫，欲搜寻光绪以杀之，因为这位皇帝也好西学，最
后被慈禧喝阻。

　　1900 年 4 月 6 日，各国公使发布照会，要求清政府在两
月之内，剿灭义和团，否则将自行出兵剿灭。为耀武扬威，英、
法、美、俄各国的军舰开到了大沽口外。

　　5 月 20 日，英、法、美、俄、德、日、意、奥、西、葡、
比 11 国公使共同调兵到北京。

　　此时慈禧太后非常矛盾。一方面列强于她是如梗在喉，
不去不快，尤其令她不满的是列强对"废立"大事的干涉。
她原本计划令光绪让位给溥儁。消息传出，各国公使纷纷表
示只承认光绪，不承认新皇帝。一向视朝政如禁脔的慈禧为
之气结。

　　另一方面，她又怕义和团势大，进一步激怒列强。于是
她在列强与义和团之间摇摆不定，一会令山东巡抚袁世凯和
直隶总督裕禄对义和团严行镇压，一面又希望借助义和团的

力量对抗列强。她对袁、裕二人一再强调："慎之又慎，不可一意剿击，致令铤而走险，激成大祸。"

在整个庚子国变期间，慈禧朝令夕改，战战停停，如同儿戏。

有必要指出的是这位老太后一直竭力回避战争。早在义和团入城前，在列强的压力下，她曾勉强同意各国各派 30 名武装人员进入各使馆防卫，不想一下子有近千名各国军队入城。在义和团进京的前一天，大沽口外的列强部队又派 2000 余人向北京进发。

义和团入城后，她曾下令约束，并派正规军防卫外国使馆。但是，义和团和列强都不会随着她的指挥棒起舞，局势日益失控。6 月 20 日，德国公使克林德途经东单牌楼时被击毙。这一事件被各国宣称为侵入中国的直接原因。其实在这一事件发生的 3 天前，列强已经向大沽炮台发动攻击，3000 名中国守军喋血。克林德事件不过是一个令联军喜出望外的好借口罢了。

局势已不可扭转，6 月 21 日，慈禧以光绪的名义颁《宣战诏书》。大战开始了。这是一场注定失败的战争，一边是根本没有做好近代化战争准备的国家，一边是武装到牙齿的世界八大强国的联合部队。

但是这场战争也使列强真正认识到中国的力量。日军攻击由 9000 名清军布防的北仓，日军甚至发射了毒气弹，但守军仍然一次次击退日军的进攻。直到英、美等国军队加入攻击，才使清军撤出阵地。

联军一部曾被清军官兵及义和团包围，围攻不已。联军阵亡 200 余人，辎重全失，英国远东舰队司令西摩尔中将说："义和团所用设为西式枪炮，则所率联军必全军覆灭。"

在甲午战争中就表现英勇的聂士成在此战中死战不退，腹部被炮弹炸开，肠子都流了出来，他一手塞住肠子，一手扬刀指挥，直到阵亡。

当看到无数普通百姓举起大刀、长矛面向机枪、大炮冲锋的时候，列强为之心悸不已，德国皇帝威廉二世在得到战报后说，"这使欧洲人在亚洲人面前丢了脸"，一些欧洲政治家确认中国是一个可以打败而无法统治的国家。

8月14日，第一枚炮弹飞向北京，联军开始了总攻。中国军队使用着极其简陋的武器顽强阻击。在据城而守的中国军人中，有一位姓舒的士兵阵亡了，他有一个1岁多的儿子，他的儿子长大成人后为自己取笔名为老舍，并在自传中直白地写下了童年最深的记忆——我们恨八国联军！

8月15日晨，慈禧穿着蓝布大褂仓皇西行避难，却将北京城和诺大的中国抛给联军。

8月16日，中国军队仍在城中与八国联军巷战，一位美国人说："此皆性质坚毅，遇攻不退，死而犹烈者也。"晚上，联军占领全城。各国指挥官下令大掠3日。北京的劫难开始了。

八国联军掠尽皇宫和颐和园里珍藏多年的宝物。无数的文明结晶都成为侵略者炫耀武力的证明，至今这些国宝依然

八国联军入侵紫禁城

散落在各国博物馆中。仅日军从户部一处就抢走白银300万两。联军统帅瓦德西承认："所有中国此次所受毁损及抢劫的损失，其详数将永远不能查出，但为数必极重大无疑。"

那些太和殿前存水的铜缸记录着中国人在20世纪第一年所遭受的国耻，一缕缕刀痕割出千百万同胞的血泪，牢牢刻在中华民族的记忆深处。

北京街头尸积如山。一位西方记者写道："一队法国士兵将一群拳匪、兵丁、平民相与掺杂的中国人逼进城内的一死巷内，用机枪扫射约10到15分钟，直到不留一人。"

英国人记载说："北京成了真正的坟场，到处都是死人，无人掩埋他们，任凭野狗啃食。"

德国人说："北京今天已成为一个强盗世界。"

侵略者们在北京城划区驻扎，要求所驻区域的所有中国人家必须悬挂占领国国旗。先农坛升起了美国旗，美国旗的北面不远处是奥国旗，天坛升起了英国旗，天安门以东升起了德国旗，东南是俄国旗，西边是法国旗，西北是意大利旗，北面是日本旗。一时间，中国的心脏扬起的是8个国家的旗帜。8月28日，八国联军进入紫禁城阅兵。在那一刻，整个中国仿佛被撕裂了。

国之大耻莫过于此！

逃亡路上的慈禧令李鸿章收拾残局，并下令屠杀义和团。

李鸿章的部下及亲属劝其以马关之耻为前车之鉴，不要奉诏。无奈慈禧一再催促。1个月后，李鸿章抵京，与八国联军议和。外国人说他"实际上是受到礼遇的俘虏"。

1901年9月7日，李鸿章代表大清国与11国签订了《辛丑条约》，赔款4.5亿两。100多名官员被杀，还有无数的普通民众被作为"拳匪"处死。

签字回来后，李鸿章大口吐血。1901年11月7日停止呼吸前，几滴浊泪流过面颊。据说，他在死前曾写下一诗，希望有志之士能纷纷起来救中国：

　　劳劳车马未离鞍，临事方知一死难。三百年来伤国步，

1901 年 9 月 7 日　李鸿章与 11 国签订《辛丑条约》

八千里路吊民残。

　　　　秋风宝剑孤臣泪，落日旌旗大将坛。寰海尘氛纷未已，诸君莫作等闲看。

　　他既哭个人之悲哀，又伤心国家之不幸。李鸿章镇压农民起义，办洋务，办外交，一生苦斗，希望国家能走上富强之途，但大清帝国却病入膏肓，一日不如一日，他自己还背上卖国贼的骂名，死前还被俄国公使逼迫签订不平等条约。李鸿章的悲哀是时代的悲哀，他的悲剧也是中国的悲剧。

　　可惜慈禧也许永远无法明白他的心意，她还在对列强感恩戴德："今兹议约，不侵我主权，不割我土地，念列邦之见谅，疾愚暴之无知，事后追思，惭愤交集。"她的表态是一句被钉在耻辱柱上的"名言"："量中华之物力，结与国之欢心。"

　　此时的清政府已经无力回天，丧尽民心。清政权已成为中华民族复兴之路的障碍。国家的命运不能再指望它的自我调整了。那么，谁能担负起救亡图存的历史任务？

4. 难道有人只要用几根小柱子斜撑住外墙就能够使那座房屋免于倾倒吗?

1898年9月,在慈禧绞杀戊戌变法的黑暗时光中,从大清帝国的翰林院里走出一位光绪皇帝御笔钦点的翰林,他抛官弃职,回南方兴办教育,开始了一生的教育启蒙和革命生涯,刚开始他在学生心中播下革命和共和的种子,后来他又在中国人心中埋下民主与科学的种子。

为推翻没落的封建王朝,这位翰林一边教书,一边学习,尤其是学习化学,他用化学知识来为革命党制造炸弹,希望用暴力将封建专制制度炸个粉碎。他叫蔡元培,日后的北大校长。

堂堂翰林造炸弹,这是一个危险的信号。但是清政府实在是太迟钝了。直到慈禧西逃的时候,才开始把光绪皇帝在戊戌年的政策拿出来。然而,历史留给这个王朝自救的时间已经不多了,中国人经历了太多的苦难和太久的等待。

在危机中,虚幻的自大和麻木不仁已经无法延续下去,救亡成为所有爱国者心中最紧迫的问题。这是中国人在思想上空前的变化。

蔡元培(1868年-1940年),
浙江绍兴人

面对山河破碎，列强虎视眈眈的惨烈局面，中华民族的危机感到了一个高峰，有人高呼："我四百余州地宁可碎，四亿人之头宁可断，而国民独立之精神必不可少屈，此余以之自誓，而愿我同胞共誓者也。"

中华民族已被逼到了生死存亡的境地，被逼到绝地之后反而焕发出强烈的自信，仁人志士相信只要奋起图存，勇于变革，一定能够找到一条走出困境、再造乾坤的路，中国不会亡。

以王朝更替的方式延续了几千年的社会变迁，在一次次的失败和屈辱中最终断裂了。那么，应该如何实现民族的独立和人民的解放，是采取激烈的革命手段，还是温和的改良方式？

对于这个问题，曾有过激烈的争论。革命派认为清政府不可能推行任何改革，不推翻它，中国没有希望。而改良派则认为这样的政府还有救，革命只会造成内乱，造成列强瓜分，万万要不得。梁启超甚至说："今者我党与政府死战，犹是第二义，与革命党死战，乃是第一义。"

在革命与改良之间，清政府的选择自然是改良。

1901 年 1 月 29 日，在被英国舰炮打开国门的 61 年后，清政府的改革终于开始了。慈禧在西安发出了一道上谕，称：

实行"新政"谕旨

清末皇族内阁

"世有万古不易之常经，无一成不变之治法。……法令不更，锢习不破，欲求振作，当议更张……"

1904年1月13日，《奏定学堂章程》颁布，新学堂和新的教学体系开始建立。

1月21日，中国第一部公司法——《公司律》颁布。

1905年9月2日，清政府停止科举考试。

然而，此时清政府依然不愿触及改革的根本——立宪。

1905年，日俄大战爆发。各方人士高度关注，不光因为这场战争发生在中国境内，更因为这场战争被视为两种政体之战，日本代表着君主立宪，而俄国象征着传统的君主专制。改良派认为这场战争意味着："国家强弱之分，不是由于种而是由于制"，将使国人"悟世界政治之趋势，参军国之内情，而触一般社会之噩梦。"

日本获胜了。改良派呼吁说："以小克大，以亚挫欧，赫然违历史之公例，非以立宪不立宪之义解释之，殆为无因之果。"立宪的声浪日益高涨，"乃如万顷洪涛，奔流倒注，一发而莫之或遏。"清朝八大总督中竟有5位主张立宪。

1906年，清政府宣布"预备仿行宪政"，并废除科举制度。但这个日落西山的王朝仍不愿放弃手中的权力，立宪磨磨蹭蹭，到慈禧1908年去世时仍看不到前景。清政府最后一个挽救时局的机会也失去了。

孙中山（1866 年 –1925 年），
广东香山（今中山）人

早在甲午战争的 1894 年，一位广东人北上天津，希望拜见李鸿章，表达自己"以和平之手段、渐进之方法请愿于朝廷，俾行新政"的主张。这位广东人叫孙文。

若干年后，毛泽东说："中国反帝反封建的资产阶级民主革命，正规地说起来，是从孙中山先生开始的。"然而孙中山投身革命，正是因为他曾经温和的改良请求被李鸿章拒绝。

同年，彻底失望的孙中山在夏威夷成立兴中会，明确规定以"振兴中华，挽救危局"为宗旨。把"振兴中华"这个影响了几代中国人的口号提了出来。

那么靠谁来振兴中华呢？

被逼入绝地之后，中国人的民族意识空前觉醒，梁启超提出中华民族的概念，希望"合汉合满合蒙合回合苗合藏，组成一大民族"。

汪康年在《时务报》上鼓吹"中国为一人"的思想，强调整个中华民族有着休戚与共的共同利益和共同命运："今使一人之身，而右手为人所伤，左手仅自庆其无恙焉可乎？"

1901 年 5 月，留日学生在东京创办《国民报》月刊，他们呼吁国民的责任感："今日已 20 世纪矣。我同胞之国民，当知一国之兴亡，其责任专在于国民。"在第二期的社评《说

《国民》中，还从多方面把"国民"同"奴隶"的区别作了具体比较。

在 20 世纪初，越来越多的人认识到抵抗外来侵略，已不能寄希望于清政府，而要靠国民的共同奋起。人们已不再把国家视为"朝廷"所有，国民才是国家的主人。

1904 年 8 月，孙中山发表《中国问题的真解决》一文，指出只有推翻清政府的统治，"以一个新的、开明的、进步的政府来代替旧政府"，"把过时的满清君主政体改变为中华民国"，才能解决中国的问题。

正如孙中山所说，清政府"可以比作一座即将倒塌的房屋，整个结构已从根本上彻底地腐朽了，难道有人只要用几根小柱子斜撑住外墙就能够使那座房屋免于倾倒吗？"

1905 年 11 月，孙中山提出"三民主义"，即民族主义、民权主义、民生主义。不久，孙中山在东京创办中国同盟会，又把"创立民国"列为誓词的重要内容之一，在国内和海外华侨中流传。

1905 年 11 月，同盟会机关报《民报》在日本东京发行。孙中山在发刊词中提出"三民主义"

尚明轩　中国辛亥革命研究会顾问

●孙中山和三民主义

三民主义是孙中山政治思想的结晶，是他长期进行革命斗争的一个总结，也是中国近代史上第一次出现的、完备的民主革命纲领，孙中山在1905年11月正式公开三大主义，他提出了将三大主义作为革命号召，这就宣告了三民主义的问世。当时中国由于帝国主义的侵略和压迫，加上封建王朝的野蛮统治，国家变得极度的贫弱，山河破碎，人们挣扎在悲惨的死亡线上。整个国家陷入到半殖民地半封建的深渊里，面临被瓜分和灭亡的境地。三民主义就是针对当时中国所面临的亟须解决的三个问题提出了革命主张，这三个问题是民族独立的问题、政治民主共和的问题以及人们的生活和社会进步的问题。

这个主张在一定程度上把握了中国半封建半殖民地的性质和它的社会矛盾。这个主张不仅提出了中国向何处去，应该走什么路的问题，甚至破天荒地第一次提出，中国应该打倒封建王朝，走民主共和的道路。三民主义也是一个摆脱帝国主义压迫、摆脱封建势力的统治，克服当时空前的社会危机、民族危机的一个方案。正因为如此，三民主义得到了广大人民的拥护，武装了人民的思想，成为当时革命党人共同的战斗口号，成为了当时能够包含所有的抗击封建王朝力量的鲜明旗帜。这改变了当时革命的现状和进程，推动了中国历史的前进。所以说三民主义在中国历史上做出了伟大的贡献。

十月革命和中国共产党成立以后，到了新民主主义阶段，孙中山又顺应世界的潮流，发展了三民主义。所以三民主义对当时社会也产生了深刻影响，促成了第一次国共合作，三民主义成为统一战线的共同纲领和政治基础，推动了第一次大革命。

孙中山推翻了帝制，创建了中华民国，使旧民主主义革命取得了胜利。

改良派和革命派的论争进行了许多年，结果是越来越多的改良派变成了革命党。到了最后，甚至一位亲王公然说："如果我不是出生在王族，我早就加入革命党反叛朝廷了。"

时局已变，大潮将起。20世纪初的中国，有一个声音越来越响亮，那就是：革命。而且，人们已经有了楷模。

1905年12月的一天，北京一位不识字的小老板含着热泪专门跑到报馆买了一份报纸，说是要拿回去给伙计们瞧瞧，什么才是爱国。那几天中国报纸最醒目的消息是关于一个叫陈天华（字星台）的中国留学生。

1905年11月，日本政府修改中国留学生条例，其轻蔑苛刻令8000多中国留学生激愤莫名，遂形成公议，罢课归国。但是中国留学生总会的负责人却在关键的时候辞职，一些人

陈天华（1875年 – 1905年），湖南新化人

陈天华所著《猛回头》、《警世钟》

还想复课，这对抗议行动造成了恶劣的影响。一些日本报章形容中国学生是"放纵卑劣"。

12月8日，31岁的陈天华在日本东京大森海湾走向大海，我们无从知道他在走向大海的时候都想了些什么，但能揣摩到的是拍岸的惊涛、狂卷的飞雪一定难消胸中块垒。如果说一般人自杀是因为生无可恋的绝望，那么他的死则出于警醒世人的希望。他内心的几许激烈、几多狂啸，都化作平静走向大海的步伐。

他在死前作绝命书，说明了慨然赴死的原因并非日本政府修改条例，而是痛心于一些中国留学生的表现。他希望以一死使国人记住八个字："坚忍奉公，力学爱国。""爱国"两字是他蹈海自尽的核心，为此，不惜以生命为这两个字加上重点。正如他所言："恐同胞之不见听而或记忆之，故以身投东海，为诸君之纪念。"

这种激烈的想法，他早已有之。他认为救国不外两途："其一作书报以警世，其二则遇可死之机会而死之。"他短短的一生证明这绝非标新立异的虚言。他的《猛回头》、《警世钟》，以其殚精竭虑的爱国情、慷慨悲壮的笔触、浅显易懂的语言风行大江南北。

就在他死后1个月，一位25岁的年轻人在日记中写道："倒卧于席上，仰天歌陈星台《猛回头》曲，一时百感交集，歌已，不觉凄然泪下，几失声。"后来，这位年轻人为陈天华作传，认为此后革命风潮的高涨，"皆烈士提倡之也。"这位年轻人就是宋教仁。

陈天华生平精彩不仅在"爱国"两字，他对中国的未来也有着很清楚的判断。就在他死前4个多月，作为华兴会的重要领导者（还有黄兴、宋教仁等人），他第一个赞成与孙中山联合，积极促成同盟会。

就在他死前1个月，他成为同盟会机关报《民报》的主要编辑，创刊号上近半内容出自他的手笔。他写道："欲救中国，惟有兴民权，改民主。"要想达成目的就要革命，"宣布自由，设立共和。"他认为要从知识阶层入手普及革命意识，之后发展到下层人民，这样才能保证革命成功，否则不但不足以救国，还会乱中国。他的看法具有一定的前瞻性，辛亥革命就是因为没有深入地将民主、法制、共和的思想灌输给普通民众，结果做成了一锅夹生饭。

陈天华之死让《猛回头》、《警世钟》再次成为畅销书，尤其在湖南湖北一带，"三户之市，稍识字之人，无不喜朗诵之"。

陈天华死后5个多月，湖南岳麓山万人云集，蜿蜒10里。大批穿着制服的学生送陈天华归葬。队伍严整，气氛悲壮，人人戴白，满山缟素。清政府派出大批军警伺机而动，但为民众气势所夺，竟不敢造次。

此后，黄兴、宋教仁、蔡锷等人也纷纷归葬于岳麓山，使这座以教育闻名的山峦因为几座英雄冢而平添几许凝重与豪气。

同盟会机关报

> 5. 是役也，碧血横飞，浩气四塞，草市为之含悲，风云因而变色。全国久蛰之人心，乃大兴奋。怨愤所积，如怒涛排壑，不可遏抑，不半载而武昌之大革命以成。

1894年11月24日，檀香山。几位年轻人聚首论政，创立"兴中会"。他们庄严盟誓救国：

> "方今强邻环列，虎视鹰瞵，久垂涎于中华五金之富，物产之饶，蚕食鲸吞，已效尤于接踵，瓜分豆剖，实堪虑于目前。有心人不禁大声疾呼：亟拯斯民于水火，切扶大厦之倾！用特集会众以兴中，协贤豪以共济，抒此时艰，奠我华夏。……"

其中，有一位28岁的年轻医生。1个多月后，他开始策划在广州发动起义，其好友陆皓东特制青天白日旗。为这一行动提供资金的是他的兄长孙眉，孙眉一次捐出920头牛（一头牛6美元）充作资金。不料机密泄露，陆皓东被捕就义，成为"中国有史以来为共和革命牺牲之第一人"。他逃亡海外，被清政府悬重赏通缉，在通缉令上赫然写着两个大字——孙文。

孙中山为筹集革命经费而发行的中华民务兴利公司债券

由此开始，中国少了一位治病救人的良医，却拥有了一位以铁血手段创建共和的"国父"。一是救人，一是救国，事虽两端，情则一致，共通的是一颗爱国爱民的心。

筹款、起义、失败、流亡、宣传、再筹款、再起义……在十六载屡败屡战的奋斗中，在5次环行海外各国的宣传中，在无数次的死亡威胁和穷困潦倒中，孙文这个名字随着清政府赏格的提升而日益为人们所熟知，越来越多的人被这个医国者百挫不折的精神所感动。

1905年，在同盟会成立大会上，陈天华大呼道："中山先生是四万万人之代表也，是中国英雄中之英雄也。"此时的孙中山已成为颠覆封建政权、创建共和国家的一面旗帜，成为那个时代最具有进步意义和象征意义的时代先锋。

在创建共和的思想鼓舞下，一批批爱国志士发动了多次武装起义，仅孙中山就亲自领导了10次。在一系列起义中，以黄兴领导的第三次广州起义最为悲壮，其影响也极为深远。

同盟会会员证

1911年4月27日，一个阳光灿烂的日子。一群年轻人笑着拥抱死亡，他们用自己的牺牲，以碧血黄花高筑起理想主义的丰碑。

下午5点30分，120多人突然向两广总督衙门发起攻击，许多昔日拿惯了笔墨的手操起了枪支和炸弹，其视死如归的气概竟不逊于沙场百战的勇士，守卫总督衙门的清军节节败退，总督张鸣岐逃跑。之后，起义军遭遇清军援兵，寡不敌众，大部阵亡。

主帅黄兴右手失去二指，血满衣襟。突出重围后，一见来赴难的赵声等200余人，痛苦得昏了过去，而文武双全的将才赵声悲愤难抑，于3周后吐血而亡。

清政府任起义者尸体暴露天光雨水之下，4天后，才令各善堂收敛尸骨，已是一派惨然。同盟会会员潘达微暗中活动，将72具遗骨葬于广州红花岗，红花岗由此改名黄花岗。史称黄花岗七十二烈士。在这些人中，有很多是留学归来的青年，平均年龄只有29岁。

林觉民手迹

林觉民（1887年－1911年），福建闽侯（今福州）人

烈士林觉民在一方白色手帕上写给新婚妻子一封信：

　　"吾至爱汝！即此爱汝一念，使吾勇于就死也。吾自遇汝以来，常愿天下有情人都成眷属，然遍地腥云，满街狼犬，称心快意，几家能够？司马春衫，吾不能学太上之忘情也。语云，仁者'老吾老以及人之老，幼吾幼以及人之幼'。吾充吾爱汝之心，助天下人爱其所爱，所以敢先汝而死，不顾汝也。汝体吾此心，于悲啼之余，亦以天下人为念，当亦乐牺牲吾身与汝身之福利，为天下人谋永福也。"

　　这是一封情书，也是一部史诗，是用生命和爱情写成的誓言。要有多少割舍不下的柔情蕴于男儿铁骨之内，又要有多少横溢的诗意才华，才写得出这样光芒四射、有如铁石梅花般的锦绣文字。这封信影响极广，一代代中国人都为之感动、泣下。林觉民曾是报纸的主笔，精通英、德、日语，黄兴称他"科学程度极其高深"。正是这样一位拥有美好爱情的幸福才子为了国家的幸福面带微笑蹈死而去，时年24岁。

　　另一位烈士方声洞在写给父亲的绝命书中说：

　　"夫男儿在世，不能建功立业以强祖国，使同胞享幸福，奋斗而死，亦大乐也。且为祖国而死，亦义所应尔也。儿刻廿有六岁矣，对于家庭本有应尽之责任，祗以国家不能保，则身家亦不能保。……他日革命成功，我家之人皆为中华新国民，而子孙万世亦可以长保无虞，则儿虽死亦瞑目于地下矣。"

方声洞两次赴日学习军事和医学，兄、姐、嫂、妻都是同盟会会员，原本起义名单中没有他，他主动请战，自日本归国赴难。在战斗中，他身中数弹不退，"尤以手枪毙多人"。

这是一场注定失败的战斗，所有参加起义的人都知道这一点，却人人赴死。烈士李晚在写给兄长的诀别书中写道："此行成败不可知，任其事而怕死，非大丈夫也，余明知无济，只在实行革命宗旨，决以生命为牺牲。"

百年之后读到这样的文字，仍然令人感到血脉贲张。他们的青春、幸福乃至生命，都与国家存亡的时代主题紧紧相连；他们甘愿用自己的一切作为祭品，奉献于中华民族复兴之路。

这一代年轻知识分子与前辈知识分子明显不同，他们珍惜幸福，却愿意拼死一战改天换地；他们热爱生命，却甘愿献出生命来与腐朽同归于尽。这是具有朝阳般气息的一代年轻人，他们的出现意味着老旧中国开始拥有了全新的血液，昏睡百年的雄狮快苏醒了。

孙中山是悲痛的，广州起义 10 年后，他还痛心地说："吾党菁华，付之一炬。"孙中山也是欣慰的，他写道："是役也，碧血横飞，浩气四塞，草木为之含悲，风云因而变色。全国久蛰之人心，乃大兴奋。怨愤所积，如怒涛排壑，不可遏抑，不半载而武昌之大革命以成。则斯役之价值，直可惊天地、泣鬼神，与武昌革命之役并寿。"

黄花岗烈士死难 6 个月后，1911 年 10 月 12 日，美国科罗拉多州丹佛城，孙中山在为下次起义募集经费。他买了一份报纸，赫然看到了"武昌为革命党占领"的标题，一时欣喜若狂。

两天前，武昌起义爆发，3 日内，武汉三镇光复，湖北军政府成立。武汉三镇真正的主力不多，多为临时召集的民军，虽勇猛但并不善战，兵力最盛时不过两万余人。清政府派出了当时中国最精锐的一支武装力量——北洋军。民军虽拼力死

武昌起义军使用的大炮

战，但仍节节败退，汉口、汉阳先后失陷。但是，武昌起义其实已经完成了它的历史任务，因为这场战争不是由战场胜负来决定，而是由人心来决定。

武昌起义不到两个月，全国有14个省宣布起义，脱离清政府统治。清政府赖以维护统治的"新军"成为了起义的主力，有8万多人直接参加各地起义，占新军总数的三分之一。如此大势，哪里是区区北洋六镇可以扭转的，何况北洋军真正的统帅袁世凯还有自己的打算。于是，在看似胜券在握的时候，袁世凯将战场搬上了谈判桌，谋取最大利益。

12月25日，上海外滩十六铺码头，人头攒动，普通民众、各国外交官、新闻记者将码头挤得满满当当。一艘轮船缓缓进港，在轮船的高处，一身黑色西装的孙中山向欢迎的人群挥帽致意。

1911年10月11日，中华民国湖北军政府在武昌成立

记者们问孙中山带回多少钱支持革命。孙中山回答说："予不名一钱也，所带回者革命精神耳！革命之目的不达，无和议之可言也。"

12月29日，在南京的17省代表正式选举临时大总统。在孙中山、黎元洪、黄兴三位候选人中，孙中山以16票当选（共17票，以象征17个省）中华民国临时大总统。

1912年1月1日晚10时，南京细雨霏霏。原太平天国的天王府、清两江总督衙门，如今的临时大总统府，军乐声声，炮声隆隆，孙中山就任临时大总统，他宣誓说：

> "颠覆满洲专制政府，巩固中华民国，图谋民生幸福，此国民之公意，文实遵之，以忠于国，为众服务。至专制政府既倒，国内无变乱，民国卓立于世界，为列邦公认，斯时文当解临时大总统之职。谨以此誓于国民。"

此时，南北双方已经达成了协议：第一，确定共和政体；第二，优待清皇室；第三，先推覆清政府者为大总统；第四，南北满汉出力将士各享其应得之优待；第五，同时组织临时议会恢复各地之秩序。

清政府最大的支柱袁世凯成了最卖力地推动清帝下台的人。

1912年2月12日，清帝发表辞位诏书："总期人民安堵，海内乂（yì）安，仍合汉、满、蒙、回、藏五族完全领土，为一大中华民国"。

看似坚不可摧、实行了2000多年的封建专制制度在短短

4个多月的时间里土崩瓦解，后世称为"辛亥革命"。中国封建制度已经走到了尽头。当时的人们没有意识到中华民国甚至还是亚洲第一个共和制国家。

列宁曾说："中国人民的革命斗争具有世界意义，因为将给亚洲带来解放并将破坏欧洲资产阶级的统治。"

辛亥革命是中国人民为救亡图存、振兴中华而奋起的一个里程碑，使中国发生了历史性的巨变。民国取代帝国，是一种前无古人的变化，它打破了历代王朝的更迭机制，否定了整个皇权体制。中国人的思想也由此获得了一次巨大的解放。人们第一次发现原来国家不属于皇帝，而属于每一个中国人；既然2000多年来被视为奉天承运的"天之子"不过是压在人们思想上的土偶，那么还有什么陈腐的思想、落后的观念、祸国的罪人不可以被推翻呢？

"敢有帝制自为者，天下共击之"的观念里萌动着中华民族第一缕复兴的力量。

但是，中华民国的道路依然坎坷。辛亥革命最大的成果是结束了中国的封建统治。那么，随之而起的民国政府能够带领中国人民走上复兴之路吗？

一个旧制度终于在新世纪的晨曦中消亡了。但是，旧制度的巨大阴影并未随之消失，并在相当长的时间内仍影响着

清帝退位诏书

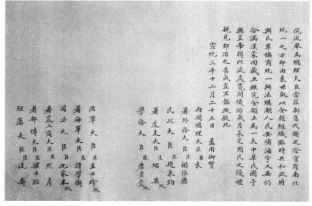

独家访谈

金冲及　中国史学会原会长

● 辛亥革命的意义

孙中山不光推翻了清朝政府的统治，而且结束了几千年的君主专制制度，这已经是了不得的事情。林伯渠同志在 1941 年的时候写了一篇文章，他说现在没有经过帝王统治的青年，往往对辛亥革命的意义估计过低，他们不知道推翻几千年的君主专制制度是一件多么不容易的事情。今天要理解恐怕更难，辛亥革命推倒了君主专制制度这件事情确实是了不得的事情。

我们可以从几个方面理解，一个就是原来整个封建的统治，经过几千年创造了一个非常严密的统治网络，伸到各个方面，这个网络的中心点是至高无上神圣不可侵犯的皇帝。连小学生 4 岁启蒙的时候，就是天地君亲师，这个观念从小根深蒂固。辛亥革命把皇上推倒，把几千年塑造的整个封建统治一下就打掉了。在这以后，军阀轮换从另一个意义上讲就说明原来的统治已经无法再继续。袁世凯想做皇帝，做了 83 天；张勋想复辟，十几天就不行了。这个统治再也稳定不下来，为以后革命的前进开辟了道路。

另外辛亥革命给人民带来了思想上的解放，皇上是最神圣不可侵犯的，现在皇上都能够打倒，那么还有什么陈旧的东西不能抛弃呢？过去在君主专制制度下，人民被称为子民，或者被称为蚁民。辛亥革命以后孙中山就说中华民国之主权属于全体国民，实际上这个主权后来很快被少数军阀控制，以后又经历了很多曲折，但是人们已经感到自己是国家的主人了。

国家的前途和命运。不仅如此，自 1840 年以来不断入侵的列强，仍然奴役着中国。

在中华民族复兴的道路上，推翻帝制只是第一步，反帝反封建的历史任务还遥遥无期，中华复兴之路道阻且长，仍需上下求索。

在接下来的岁月中，谁能给中国带来光明？